어린이를 위한 자기연민 워크북

정서적 힘을 기르고 친절의 초능력을 기르는 흥미로운 마음챙김 활동

The Self-Compassion Workbook for Kids: Fun Mindfulness Activities to Build Emotional Strength and Make Kindness Your Superpower

by Lorraine M. Hobbs and Amy C. Balentine

어린이를 위한 자기연민 워크북

정서적 힘을 기르고 친절의 초능력을 기르는 흥미로운 마음챙김 활동

Lorraine M. Hobbs, MA · Amy C. Balentine, PhD 공저
정하나 역

The Self-Compassion Workbook for Kids

학지사

이 책을 우리의 자녀들과

출간 과정에서 수년 동안 영감이 되어 주고

배움의 즐거움을 알게 해 준

모든 어린이들에게 헌정합니다.

역자 서문

마냥 아이와 같았던 어린이들이 어느새 자라 이제 부모님의 울타리를 벗어나 학교라는 큰 세상을 마주하게 되었습니다. 이때 어린이들은 세상에 홀로 서는 법, 동시에 친구나 다른 사람들과 어울려 사는 법을 배우기 시작합니다. 배움이 중요한 이 시기에 아이들은 자신만 뒤처지는 것 같은 슬픔과 초라함, 많은 것을 스스로 해내야 한다는 불안과 압박감을 느끼는 동시에 친구들과 다른 자신의 모습을 비교하며 외로움과 같은 힘겨운 감정을 느끼곤 합니다. 그리고 이렇게 내면의 힘겨운 감정이 느껴질 때, 핸드폰, 게임으로 도망가거나 쉬이 충동적이고 파괴적인 행동 등을 하며 힘겨운 마음의 몸집을 더욱 부풀려 갑니다.

그런데 만약 어린이들이 이러한 마음을 고요히 바라보고, 친구에게 위로를 건네듯 자기 자신에게도 그 따뜻함과 친절함을 건넬 수 있다면 어떨까요? 배움에 있어서 중요한 발달 시기에 있는 많은 어린이들이 보다 단단하고 부드러운 내면의 태도로 자신의 힘겨운 마음을 대하고, 지혜롭게 문제를 해결해 나갈 수 있다면 얼마나 좋을까요?

하버드 의과대학 임상심리전문가인 크리스틴 네프(Kristin Neff) 박사와 크리스토퍼 거머(Christopher Germer) 박사가 성인을 대상으로 개발한 '마음챙김 자기연민(Mindful Self-Compassion: MSC)' 프로그램을 통해 자기연민이 사람들을 보다 행복하고 삶을 만족스럽게 살 수 있도록 도와준다는 것을 확인시켜 주었습니다. 이를 토대로, 성인용 MSC를 각색하여 카렌 블루스(Karen Bluth) 박사와 로레인 홉스(Lorraine Hobbs) 선생님이 '청소년을 위한 마음챙김 자기연민(Mindful Self-Compassion for Teens: MSC-T)'을 개발하였습니다. 감사하게도, 한국에서도 '청소년을 위한 자기연민' 책들이 번역되어 많은 청소년들이 자기 자신과 친구가 되는 법을 배우고 있습니다. 이처럼 많은 연구에서 자기연민이 성인뿐만 아니라 청소년까지 모든 연령대에서 우울, 불안, 스트레스를 줄여 주고 삶에 더 큰 만족감을 가져다주는 것으로 증명되었습니다.

하지만 교육, 상담, 심리치료, 돌봄의 현장에서 보다 어린 연령대의 어린이들을 만나고 있는 분들에게는 어린이들의 발달적 특성을 고려하여 자기연민을 어떻게 지도하고 안내할 수 있을까 하는 고민이 많았습니다. 이 책의 저자이자 MSC-T의 공동 개발자인 로레인 홉스(Lorraine Hobbs) 박사님은 가족 치료사이자 마음챙김-자기연민의 지도자로서 풍부한 임상 경험을 바탕으로, 보다 즐겁고 창의적인 활동과 안내를 통해 어린이들이 자기 자신과 친구가 될 수 있도록 도와주고 있습니다. 이 워크북에 안내된 대로 8주간의 여정 동안 다양한 활동과 실습을 하다 보면, 어느새 어린이들이 건강한 방식으로 자신의 내면과 소통하고 있음을 발견하게 될 것입니다.

재미있고 의미 있는 자기연민 활동으로 가득 찬 이 워크북을 통해, 어린이들이 삶에서 만나는 어려움에 용기와 친절로 맞설 수 있게 되기를 간절히 바랍니다.

역자 정하나

추천사

“자기연민은 삶이 던지는 모든 문제에 대처하기 위한 강력한 자원입니다. 어른들은 이 사실을 뒤늦게 깨닫고는 ‘왜 진작 알지 못했을까?’라고 말하기도 합니다. 하지만 이제 보다 이른 나이에 그 배움을 시작할 수 있습니다. 이 훌륭한 워크북은 자기연민에 대한 이해의 깊이와 범위를 단순하고 즐거운 실습과 활동으로 풀어 독자의 주의를 사로잡고 있습니다. 부모, 교사, 치료사, 그리고 아이들을 사랑하는 모든 이들에게 강력히 추천합니다.”

- Christopher Germer, 박사, 하버드 의대 정신의학 강사, Mindful Self-Compassion 프로그램 공동 개발자, 『The Mindful Path to Self-Compassion』 저자

“Hobbs와 Balentine의 『어린이를 위한 자기연민 워크북(The Self-Compassion Workbook for Kids)』은 부모이자 교사인 제가 아이들이 자기연민을 학습할 수 있도록 교육하고, 나누고, 지지하기 위해 애용하는 새로운 교재입니다. 이 책은 아이들에게 도움을 줄 뿐만 아니라 아이들을 교육하고, 양육하고, 지지하는 모든 이들에게 훌륭한 자원이며 실로 흥미롭고 유익한 연습과 활동으로 가득합니다.”

이 실용적이고 접근하기 쉬운 안내서를 통해 아이들이 진정으로 자기연민을 수행하는 변화가 일어날 것입니다.

- Lisa Baylis, 교육학 석사, 교사, 상담자, 『Self-Compassion for Educators』 저자

"Hobbs와 Balentine은 아이들을 위해 흥미진진하고 심리교육학적인 자기연민에 대한 워크북을 만들었습니다. 이 책은 독자들에게 호흡 훈련과 감정 조절을 발판으로 삼아 탐구하게 하고, 오디오 트랙 링크, 마음챙김 쓰기 활동, 요가, 만들기 활동 등 흥미로운 학습을 제공합니다. 또한 워크북 과제와 부가적인 활동을 통해 어린이들이 친절, 연민, 마음챙김에 대해 배울 수 있도록 초대합니다. 아동 심리학자이자 저자로서 이 책을 적극 추천합니다!"

– Amy R. Murrell, 박사, 심리학자, 『The Joy of Parenting』 공동 저자,
'The Becca Epps Series about Bending Your Thoughts, Feelings, and Behaviors' 저자

"Lorraine과 Amy는 아이들과 더불어 어른들이 그들의 내면 속에 존재하는 친절과 연민을 기르도록 돕는 실천의 보물창고를 만들었습니다."

– Christopher Willard, 심리학 박사, 하버드 의대 교수, 『Alphabreaths』 공동 저자

"Lorraine Hobbs와 Amy Balentine이 저술한 책 『어린이를 위한 자기연민 워크북(The Self-Compassion Workbook for Kids)』의 단순함과 유용성에 대해 주목할 만합니다. 사랑스러우면서 이해하기 쉬운 형식을 갖추었고, 어린이와 양육자들이 직접적으로 자기연민을 경험하고 스스로에게 가장 좋은 친구가 되어 줄 수 있는 단계별 방법을 알려 줍니다. 이 책을 강력히 추천하는 바입니다."

– Susan Kaiser Greenland, 『The Mindful Child』 『Mindful Games』
그리고 'The Inner Kids Program' 저자

"창의적이고 흥미로운 활동으로 가득한 보석 같은 이 책은 아이들이 자기연민을 개발하고 연습할 수 있도록 안내합니다."

– Tara Brach, 『Radical Acceptance』 『Trusting the Gold』 저자

"이 사랑스러운 책은 어린이 여러분을 친절과 마음챙김이라는 내적 초능력을 찾아 떠나는 여정에 초대합니다. 여러분은 즐겁게 게임을 하고, 만들기 활동을 하고, 자

연을 누리고, 자신 내면의 용(inner dragon)을 길들이는 동시에 내면의 골목대장(inner bully)과도 친구가 될 수 있는 방법을 배울 것입니다!"

- Dzung X. Vo, 의학 박사, 『The Mindful Teen』 저자

"이 책은 어린이, 부모, 조부모, 교사에게 근사한 자원이 되어 줄 것입니다. 저자들은 자기연민이라는 쉽지 않은 주제를 이해하기 쉽고 재미있게 만들어 우리에게 선사하고 있습니다. 이 책은 실용적이고 즐거운 창의적 게임과 활동으로 가득합니다. 모든 연령대의 어린이들에게 도움이 될 것입니다!"

- Susan M. Pollak, 교육학 박사, 하버드 의대 Center for Mindfulness and Compassion 공동 창립자, 『Self-Compassion for Parents』 저자

"만일 당신이 부모, 조부모 또는 아동 관련 직종에 있다면 이 책을 구입해 가까이에 둘 것을 강력히 추천합니다. 오늘 당장 실천할 수 있는 활동들로 구성되어 있으며, 어린이들이 오늘날 심리적 탄력성과 행복의 핵심적 요소로 알려진 자기연민을 일생의 건강한 습관으로 개발하도록 돕는, 이해하기 쉽고 매우 훌륭한 안내서입니다. 더욱이 어린이들과 함께 이 책의 내용을 실천하는 여러분에게도 분명 유익할 것입니다."

- Cassandra Vieten, 박사, John W. Brick Mental Health Foundation 상임 이사, Center for Mindfulness at the University of California, San Diego 소장 대행, 『Mindful Motherhood』 저자

서문

매우 유쾌하고 흥미로운 내용으로 가득한 이 워크북을 통해 어린이들은 스스로에게 깊은 관심을 갖는 방법과 빠르게 변화하는 세상 속에서 스트레스에 대처하는 방법을 배울 수 있을 것입니다. 안타깝게도, 대부분의 어린이들은 그 어느 때보다 높은 스트레스를 받고 있으며, 아동과 청소년의 정신건강에 국가적 비상이 걸린 상태입니다. 어린이들에게 있어 가장 중요한 배움의 시기에 이런 문제에 맞닥뜨리게 되었습니다.

학대, 죽음, 전염병에 대한 걱정, 혹은 또래 집단이 주는 압박감으로 인한 외상을 겪고 있을지도 모를 어린이들은 하필이면 정신건강 자원이 가장 부족한 이 시점에 그 어느 때보다 더 절실하게 도움이 필요합니다.

이 때문에 자기연민은 어린 연령층에게 매우 중요한 도구입니다. 자기연민은 힘든 시간을 보낼 때 자기 자신에게 좋은 친구가 되어 줍니다. 연민은 어린 나이로 인해 생기는, 불안하고 불편한 상황들에 대처할 수 있는 초능력이 되어 줄 것입니다. 어린이들에게 학교 내의 괴롭힘이나 소셜 미디어가 주는 부담감에 대해 한번 물어보세요!

자기연민이 청소년기의 걱정과 스트레스, 그리고 자살 생각을 감소시킬 수 있다는 연구 결과가 있습니다. 또한 어린 친구들이 자기연민을 통해 삶의 어려움을 당당히 직면하며 정서적 자원을 키울 때 더욱 행복감을 느끼고, 건강하게 성장하고, 사회적 역할을 잘 해낸다고 보고되었습니다.

마음챙김은 어린이들이 현재에 집중하게 하며, 마음을 고요하게 하고, 부정적 생각과 감정들을 감소시킬 잠재력을 갖고 있습니다. 자기연민은 어린이들이 자기 자신에게 친절을 베풀고, 지지하고, 수용할 수 있는 따뜻함에 중점을 둡니다. 이 따뜻함은 마음챙김의 알아차림과 더불어 어린이들이 삶의 어려움에 대처하고 스스로의 잠재력에 도달하는 데 도움이 될 것입니다. 연구에 따르면, 어린이들에게 자기연민의 렌즈를 통한 격려와 건설적인 판단이 혹독한 자기비판보다 효과적인 동기부여가 되어 주며, 성장의 길잡이가 되어 주고, 실패를 삶의 일부로 받아들일 수 있게 도와주는 것으로 나타났습니다.

이 워크북에서 제시하는 활동은 특별히 스트레스를 받는 상황 속에서 아이들이 정서적 힘과 회복력을 기를 수 있도록 합니다. 저와 제 동료 Chris Germer가 만든 어른들을 위한 Mindful Self-Compassion(MSC) 프로그램을 각색한 Mindful Self-Compassion for Teens(MSC-T) 프로그램에서 발췌한 자료로, 어린 연령층에 걸맞은 아주 멋진 명상과 활동들을 경험할 수 있습니다.

이 워크북이 어린이들에게 많은 유익을 줄 것이라는 사실에는 의심의 여지가 없습니다. 이 책은 교사, 부모, 소아과 전문의, 그리고 아동 관련 직종에 있는 모든 이들에게 매우 유용한 자원이 되어 줄 것입니다. 모든 어린이와 부모님들은 서재에 이 워크북을 가지고 있을 필요가 있으며, 교실에서는 이 실천 활동들과 커리큘럼을 수업 과정에 통합시켜 활용할 수도 있을 것입니다.

Kristin Neff, PhD

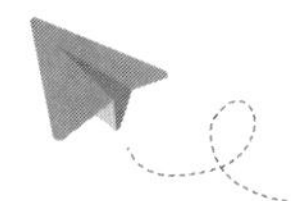

이 워크북은 부모, 교사 그리고 치료사들이 초등학생 어린이들에게 마음챙김과 자기연민의 기술을 소개할 수 있도록 돕기 위해 이해하기 쉽고 홍미로운 방법으로 만들어졌습니다. 워크북에서 제시하는 각 활동들은 개별적으로 활용 가능하지만, 어린이들이 처음부터 끝까지 모든 활동을 단계별로 안내한다면 더욱 풍부한 경험이 될 것입니다. 워크북 초반부에서는 어린이들의 마음챙김과 자기연민의 기본 기술을 발달시키고, 후반부에서는 커다란 감정의 용 길들이기와 같은 보다 난이도 있는 주제와 명상들을 통해 기술을 익히게 될 것입니다.

이 워크북은 필자가 개발한 6주 과정의 어린이와 양육자를 위한 온라인 Mindful Self-Compassion 프로그램인 '내면의 친구'에 기반하고 있습니다. 이 프로그램은 어린이들에게 마음챙김과 자기연민에 대해 소개하고, 그들이 어려운 상황 속에서도 자기 자신과 더불어 타인과 친구가 되는 능력을 발달하게 합니다. 이 프로그램은 Chris Germer와 Kirstin Neff가 개발한 성인용 Mindful Self-Compassion 프로그램에서 유일하게 공인받은 청소년용 Mindful Self-Compassion 프로그램을 각색한 것입니다.

마음챙김은 우리가 현재 순간을 살아가도록 격려하기 때문에 어린이들이 이 워크북의 활동을 하면서 마음과 생각을 현재 순간에 경험하고 느끼는 것들에 집중하도록 도와주고 싶었습니다. 그래서 어린이들이 자신의 감각을 깨우고 세상과 연결될 수 있도록 요가, 만들기, 바깥 활동 등 워크북 밖에서 활용할 수 있는 재미있고 홍미를 유발하는 활동들을 구상하기에 이르렀습니다.

어린이들과 더불어 어른들이 이 워크북 속의 활동들에 온전히 참여할 수 있기를 바랍니다. 몇 가지 활동들은 이상적으로 타인과 함께 협업하여 완료할 수 있는 것입니다. 사람은 관계와 공동체 속에서 성장하기 때문에 어른들이 배움의 과정에 동참하여 어린이들에게 본보기가 되어 주는 것보다 더 격려가 되는 일은 없을 것입니다.

또한 어린이들이 직면하는 어려움과 수많은 감정들 가운데 혼자가 아니라는 사실을 깨닫는 값진 시간이 될 수 있습니다. 고통은 인간의 공통된 경험이며, 어린이들이 우리 모두에게는 연민이 필요함을 깨닫고 자기 자신에게 친절을 베풀 수 있도록 합니다.

때로 가위를 사용하거나 산책을 하는 활동들은 어린이들의 안전을 위해 보호자의 안내와 지도가 필요할 것입니다. 이것들이 모두 워크북에 실려 있습니다.

저희는 어린이들이 각자 다른 재능을 타고났다고 생각합니다. 만일 어떤 활동이 여러분의 자녀 또는 학생에게 적합하지 않다고 판단된다면, 유연하게 조정하여 어린이들의 자신만의 방식으로 편안하게 즐길 수 있도록 하셔도 좋습니다. 어린이들이 각 활동에 대해 어떻게 반응하는지 귀를 기울이고 그들의 눈높이에 맞춰 주세요. 마음챙김은 실천이 가장 중요하다는 사실을 기억하세요. 이 활동들은 어린이들이 자신의 인지능력을 발달시켜 어둠의 터널을 지나는 때를 정확하게 인식하고 스스로에게 친절과 연민을 베풀게 될 수 있도록 돕는 길잡이로서 구성되었습니다. 어린이들은 계속해서 성장할 것이고 자신만의 시간에 학습한 내용을 떠올리게 될 것입니다.

편안한 마음으로 이 수행과 워크북 활동에 임하셨으면 좋겠습니다. 바라건대, 이것이 어린이들의 마음챙김 여정의 첫걸음이 되어 주기를, 그리고 여러분이 동참하여 이 워크북을 어린이들에게 보다 이해하기 쉽고 재미있게 만들어 주실 것을 부탁드립니다.

애정을 담아,

Lorraine Hobbs 그리고 Amy Balentine

어린이 여러분,

자기 자신과 좋은 친구가 되는 방법을 이해하기 쉽게 안내해 주는 이 워크북을 활용해 보기로 했다니 참 기뻐요. 모든 사람에게는 감당하기 벅찬 감정과 힘든 순간들이 있고, 때로는 포기하고 싶거나 실패한 것만 같은 기분을 느낄 수 있다는 사실을 여러분이 알았으면 좋겠어요. 이 워크북의 활동, 미술, 만들기 그리고 명상을 통해 여러분은 자기 자신과 다른 사람들에게 친절을 베푸는 방법을 배우게 될 거예요. 그리고 자기 자신과 주변을 새로운 시각으로 돌아볼 수 있을 거예요. 그렇게 되면, 힘든 시간들을 지날 때 자기 자신과 세상을 향한 비난보다는 격려와 침착한 자세를 드러내며 발돋움할 수 있을 거라고 믿어요.

이 워크북의 활동들을 모두 시도해 볼 것을 권유합니다. 추가적으로 도움이 될 만한 오디오 자료들을 온라인 링크에서 찾을 수 있어요(http://www.newharbinger.com/50645). 이 링크에서 인쇄 가능한 재미있는 만들기와 게임 양식을 찾을 수도 있답니다.

이런 활동은 태어나서 처음 해 보는 것처럼 해 보세요. 호기심을 가져 보세요. 우리가 진심으로 대한다면, 이 여정을 마친 후에 놀라운 일이 생길지도 몰라요. 여러분이 관심 있고 호기심을 갖는 것들에 대해 시간을 갖고 탐구해 보세요. 그것이 바로 마음챙김의 비밀이랍니다.

친절을 초능력으로 삼고, 자기 자신 안에 있는 좋은 친구를 발견할 수 있기를 바라요!

Lorraine과 Amy

차례

Chapter 01 나 자신에게 친절을 베푸는 방법

Chapter 02 새로운 방법으로 집중하기

Chapter 03 친절을 기르는 방법

Chapter 04 연민은 나의 초능력

Chapter 05 내 안의 악당이 나의 영웅과 만난다면

Chapter 06 내가 가장 중요하게 생각하는 것

Chapter 07 내 안의 용 길들이기

Chapter 08 감사는 행복을 가져와요

CHAPTER 1

나 자신에게 친절을 베푸는 방법

여러분이 소중하게 생각하는 사람이 아픈 것을 알아채고 도와주고 싶었던 적 있나요? 몸은 괜찮은지, 도움이 필요하지 않은지 물어봤을 수도 있을 거예요. 여러분이 도움이 필요한 사람을 대할 때, 연민을 갖고 친구처럼 다가가는 모습을 발견하게 될 거예요. 연민은 여러분뿐만 아니라 모든 사람에게 필요한 것이에요. 누구나 삶에서 힘든 순간들을 지나고, 불친절을 겪을 때 상처를 받는답니다.

여러분이 다른 사람들을 대하는 것처럼 자기 자신에게도 좋은 친구가 되어 줄 수 있다는 사실을 알고 있나요? 1장에서는 가장 필요한 순간에 자기 자신을 돌보는 방법을 배우게 될 거예요. 이것을 바로 자기연민이라고 해요. 마치 따뜻한 외투를 입거나 사랑하는 사람이 꼭 안아 주는 것과 같아요. 자기연민의 장점은 늘 우리의 곁에 있다는 것이고, 그것을 얻기 위해 애를 쓰거나 경쟁하지 않아도 된다는 것이에요. 때로는 여러분이 더 잘할 수 있도록 격려하고, 때로는 넘어져 있는 여러분을 일으켜 세워 다시 걸어갈 수 있게 하는 가장 친한 친구와도 같아요.

자기연민을 활용해도 될까요?

여러분이 자기 자신과 친구가 되는 방법을 배우기 전에, 자기연민을 얼마나 잘 활용하고 있는지 확인해 볼 수 있어요. **다음 글을 읽고 스스로를 가장 잘 설명하는 것에 동그라미 치세요.**

1. 실패했을 때 나는……

   a. 다시 노력한다.

   b. 포기한다.

   c. 울거나 화를 내거나 소리를 지른다.

2. 나쁜 일이 일어났을 때 나는……

   a. 의지할 수 있는 사람과 대화한다.

   b. 혼자라고 느끼거나 스스로를 탓한다.

   c. 다른 사람들을 탓한다.

3. 누군가 나에게 불친절할 때 나는……

   a. 음악을 들으며 진정하거나 스스로에게 친절을 베푼다.

   b. 스스로를 비난한다.

   c. 상대방을 비난하거나 보복하려고 한다.

4. 다른 사람들과 말하는 것이 두려울 때 나는……

a. 스스로를 격려한다.

b. 부끄러워서 사람들을 피한다.

c. 사람들에게 관심이 없는 척 한다.

5. 어려운 상황에 처했을 때 나는……

a. 진정하기 위해 깊은 한숨을 들이쉰다.

b. 뒤로 물러나 있거나 자신 없어 한다.

c. 의도적으로 실패한다.

6. 다른 사람들과 비교될 때 나는……

a. 모든 사람에게는 부족한 점이 있고 힘든 순간이 있다는 사실을 떠올린다.

b. 나 자신이 매우 부족하다고 생각한다.

c. 다른 사람들을 무시한다.

어떤 답안이 자기연민의 예시일까요? 'a'라고 생각했다면, 맞아요. 여러분도 답에 동그라미를 그렸을 거예요. 'b'와 'c'의 답은 어린이들이 어려운 상황에서 흔하게 대처하는 방법이에요. 여러분이 어느 답을 선택했든 이 워크북에서는 여러분이 고통과 힘든 감정들을 대처하고 스스로에게 친절을 베푸는 좋은 방법을 알려 줄 거예요.

자, 이제 친절의 호흡법을 배우는 것으로 그 여정을 시작해 볼까요?

활동 2

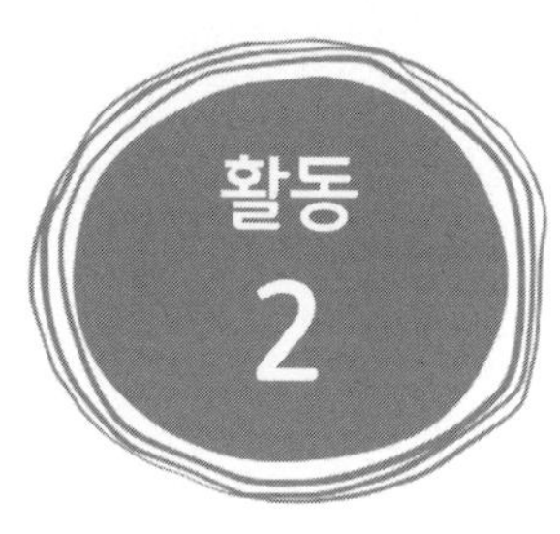

무지개 호흡

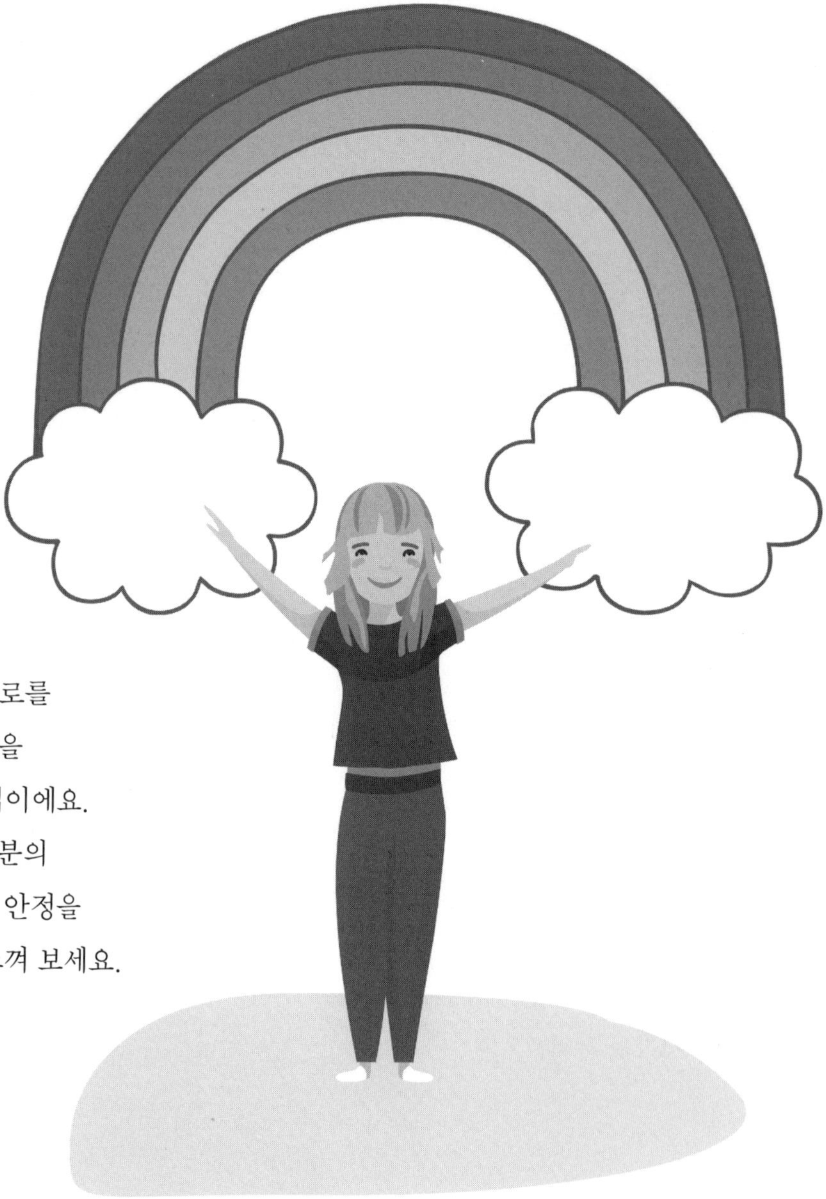

무지개 호흡은 자기 스스로를 돌보고 자기연민의 여정을 시작하는 매우 좋은 방법이에요. 호흡에 집중하면서 여러분의 생각과 몸이 자연스럽게 안정을 찾고 차분해지는 것을 느껴 보세요.

이 활동은 여러분이 하늘과 땅에 무지개 색을 칠하면서 호흡에 집중하는 거예요. 골반 너비로 발을 벌리고 바닥에 단단히 발을 딛고서, 양팔은 나란히, 손바닥은 바깥을 향하게 펴세요.

1. 양손 끝으로 가지각색의 무지개 색상들이 펼쳐진다고 상상해 보세요.

2. 숨을 들이쉬면서 하늘을 향해 팔을 들어올리고, 하늘을 손끝의 무지개 색으로 칠하는 거예요.

3. 팔을 머리 위로 가져온 후에 손바닥은 바깥을 향하게 펴세요. 숨을 내쉬면서 팔을 아래로 내려, 손끝의 무지개 색으로 땅과 여러분의 마음속을 마음껏 칠해 보세요.

4. 숨을 들이쉬고, 내쉬고, 하늘을 칠하는 이 동작을 세 번 반복해 보세요.

다음은 책상에 앉아서 마음의 안정을 취하는 다른 방법을 배우게 될 거예요.

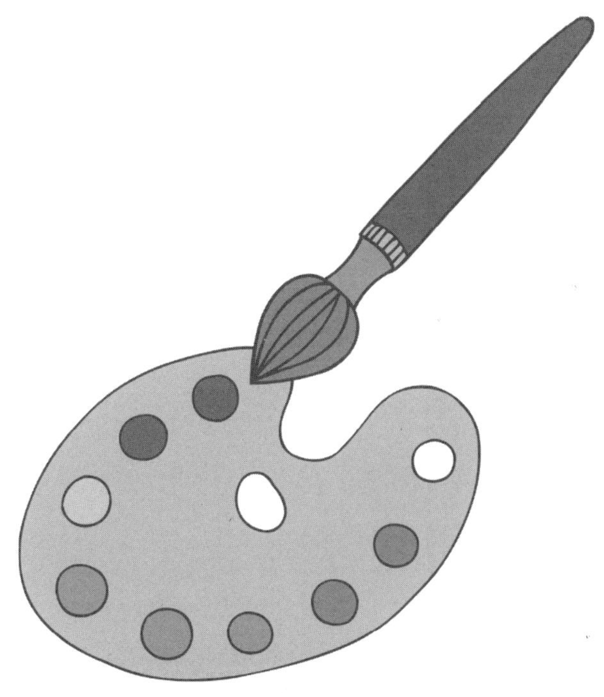

무지개를 따라서

먼저, 여러분이 원하는 색으로 무지개의 각 모양을 색칠해 보세요.

숨을 들이쉬며 위로 향하는 화살표에서부터 손가락으로 각 색깔을 따라가 보세요. 숨을 내쉬면서 손가락을 아래로 향하는 화살표까지 가지고 가 보세요. 모든 색깔을 차분히 따라가다 보면 보다 안정된 자기 자신을 발견할 수 있을 거예요.

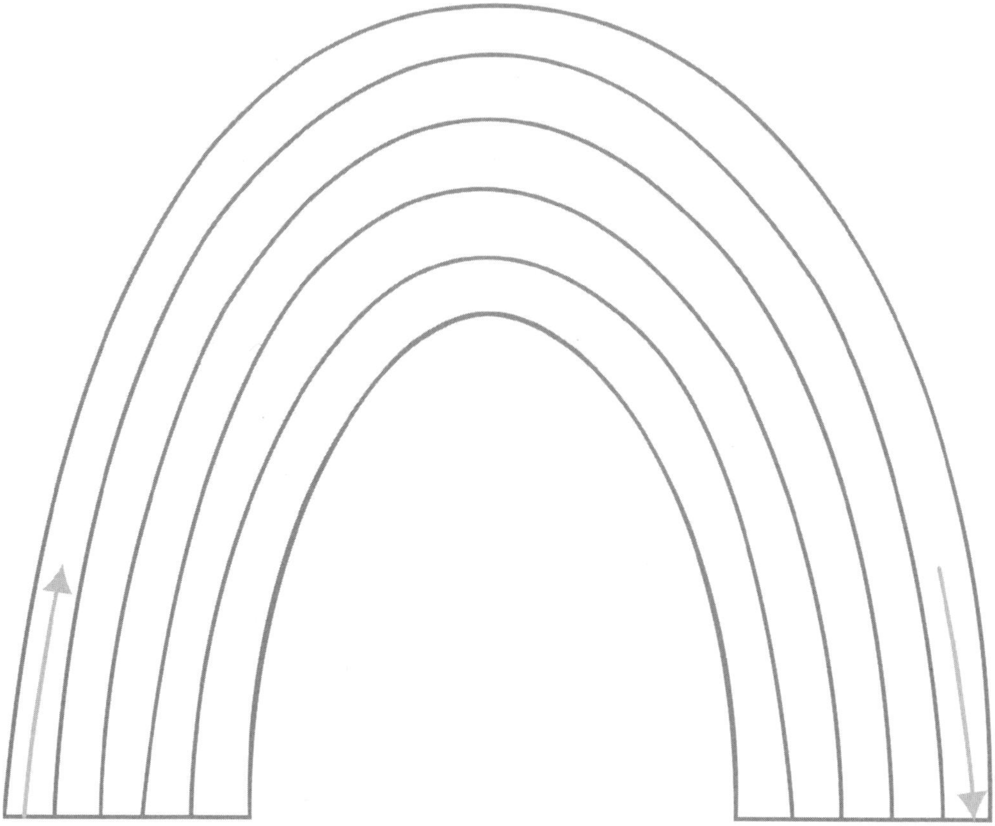

어떻게 나 자신과 친구가 될 수 있나요?

이제 자기 자신과 좋은 친구가 되는 방법을 배우는 시간을 가져 보아요.
다음 중 상황 하나를 선택하고 동그라미 치세요.

- 친구가 파티에 초대받지 못했어요.
- 친구가 축구 팀에 들어가지 못했어요.
- 친구가 학교에서 문제를 일으켰어요.
- 친구가 시험에서 떨어졌어요.
- 친구가 혼자 외롭게 점심을 먹고 있어요.

만약 실제로 여러분의 친구에게 이와 같은 일들이 생긴다면 어떻게 행동할지 눈을 감고 한번 상상해 보세요. 어떤 말로 친구를 위로할 수 있을지 적어 보세요.

이제 눈을 감고 만약 나에게 이런 일이 생긴다면 어떻게 행동할지 떠올려 보세요. **그러고 나서, 여러분이 자기 자신에게 하고 싶은 말 또는 자기 자신을 어떻게 대하면 좋을지 말풍선에 적어 보는 거예요.**

만약 우리가 친구나 가족에게 위로를 건네는 것처럼 스스로에게도 친절과 온화함으로 대한다면 어떨까요? 바로 이러한 태도가 자기연민이에요.

활동 5 위로의 손길

여러분이 스스로에게 따스하고 다정한 손길을 건넨다면 뇌와 몸이 반응하여 여러분을 진정시키고 위로할 거예요. 위로의 손길로 스스로를 돌보는 다양한 방법을 시도해 보아요.
각 위로의 손길을 통해 다정함을 느낄 수 있는지 한번 살펴보세요.

- 천천히 손 문지르기
- 손을 한쪽 또는 양쪽 뺨에 가져다 대기
- 팔짱을 끼고 스스로에게 가볍게 포옹하기
- 심장 위로 한 손 또는 양손 올리기
- 배 위에 한 손 올리기
- 한 손은 배 위에, 한 손은 심장 위에 올리기
- 부모님이나 다른 보호자와 포옹하기
- 양손을 포개어 꼭 쥐기

여러분은 방금 스스로를 달래는 방법을 배웠어요. **어떤 방법이 가장 마음에 들었는지** 적어 보고 필요한 순간에 스스로에게 위로의 손길을 건네 보세요. 이 목록에 없는 여러분만의 방법이라도 좋아요.

자기연민의 세 단계

특별히 힘든 순간들을 겪을 때 자기 자신과 좋은 친구가 되는 세 단계를 이해하기 쉽게 가르쳐 줄게요.

1단계: 집중하기 어려움을 겪는 그 순간, 내가 어떻게 느끼는지에 대해 집중하는 것이 도움이 될 거예요. 여러분에게는 어떤 어려움이 있었는지 한번 적어 보세요(예: 시험 성적이 안 좋을 때, 친구가 나를 괴롭힐 때, 혼자라고 느껴질 때).

2단계: 스스로에게 친절하기 자신에게 친절을 베푼다는 것은 스스로 기분이 나아질 수 있도록 자신에게 필요한 것을 해 주고 좋은 친구를 대하듯 스스로를 대하는 거예요. 여러분은 스스로를 어떻게 돌보고 있나요? 기분이 안 좋을 때 어떻게 행동하나요? 엄마의 품에 안기고, 강아지를 쓰다듬고, 침대에 누워 가장 좋아하는 베개를 꼭 끌어안아 보세요. 여러분이 스스로를 돌보는 방법에 대해 적어 보세요.

3단계: 혼자가 아니라는 사실을 기억하기 누구나 슬프고 외롭고 힘든 시간들을 겪기 마련이에요. 어린이들뿐만 아니라 모든 사람들이 공통적으로 그렇답니다. 그러니 혼자라고 생각하지 않기로 해요. **여러분이 혼자가 아니라는 사실을 기억하게 해 주는 한두 사람의 이름을 적어 보세요.**

다음 암호해독기를 이용해 숫자를 글자로 바꿔서 여러분을 향한 다정한 말들을 발견해 보세요.

암호해독기:

ㄱ	ㄴ	ㄷ	ㄹ	ㅁ	ㅂ	ㅅ	ㅇ	ㅈ	ㅊ	ㅋ	ㅌ	ㅍ	ㅎ
1	2	3	4	5	6	7	8	9	10	11	12	13	14

ㅏ	ㅑ	ㅓ	ㅕ	ㅗ	ㅛ	ㅜ	ㅠ	ㅡ	ㅣ	ㅔ	ㅐ	ㅖ	ㅢ
15	16	17	18	19	20	21	22	23	24	25	26	27	28

여러분을 위한 메시지:

2-15 9-15 7-24-2 8-23-4

10-24-2 9-17-4 14-15 1-25

3-26 14-15 1-24

페이지 맨 아래에서 정답을 찾아 보세요.

다음에 할 활동은 힘겨운 감정을 느낄 때 스스로를 돌보는 힘을 기를 수 있게 도와줘요.

정답: 나 자신을 친절하게 대하기

고양이/소 자세

낮잠에서 깨어나는 동물 자세를 흉내 내면서 척추를 늘려 주면 유연함이 배가 될 거예요. 또한 스스로를 돌보고 긴장이나 스트레스를 완화하는 재미있는 방법이기도 해요. 이 자세는 여러분의 몸과 마음을 진정시키고 집중력을 향상시키는 데 도움이 될 거예요. 한번 따라해 보세요.

1. 손과 무릎을 바닥에 나란히 두세요(요가 매트를 사용해도 좋아요).

2. 중심을 잡기 위해 열 손가락을 활짝 펴도록 해요.

3. 어깨와 팔꿈치가 손바닥 바로 위에 위치해 있는지 확인하고, 골반이 무릎 바로 위에 위치해 있는지 확인하세요.

4. 허리를 책상처럼 평평하게 하세요.

고양이 자세

5. 숨을 들이쉬고 천장을 바라보세요. 이때 배꼽이 바닥을 향하도록 내밀어 주세요.
6. 숨을 내쉬면서 머리를 아래로 떨구고, 허리를 둥글게 말면서 배꼽이 척추를 향하도록 밀어 주세요.
7. 호흡하면서 배를 위아래로 움직이는 동작을 3~5번 정도 반복하세요.
8. 마무리하면서, 숨을 들이쉬고 허리를 책상처럼 평평하게 하세요.

이제 아기 자세를 해 볼 거예요.

1. 조금 전의 자세에서 꼬리뼈와 골반을 발뒤꿈치로 천천히 내려 주고 발끝은 바깥쪽을 향하게 해 주세요.
2. 팔을 앞으로 내밀고 이마를 바닥에 닿게 합니다.
3. 호흡을 하며 양팔을 양쪽 발 옆에 놓아 주세요.
4. 여기서 잠깐 가볍게 호흡하며 쉬어 주세요. 동물들이 척추를 늘려 주면서 느끼는 강력한 고요함을 똑같이 느껴 보세요.

아기 자세는 휴식을 취할 때 좋은 자세이며, 소화를 돕고, 심장박동이 천천히 뛰도록 도와줍니다.

호흡은 우리가 집중하지 않아도 자연스럽게 늘 우리와 함께 하고 있어요. 우리의 몸은 호흡하는 방법을 잘 알고 있고, 호흡에 집중하는 것은 스스로에게 친절을 베푸는 간단한 방법이 되기도 한답니다.

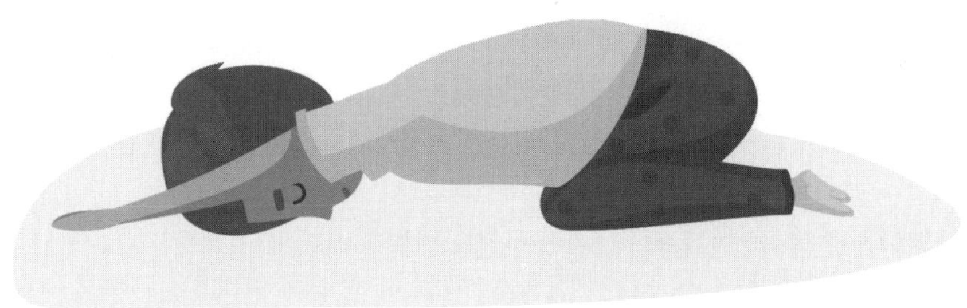

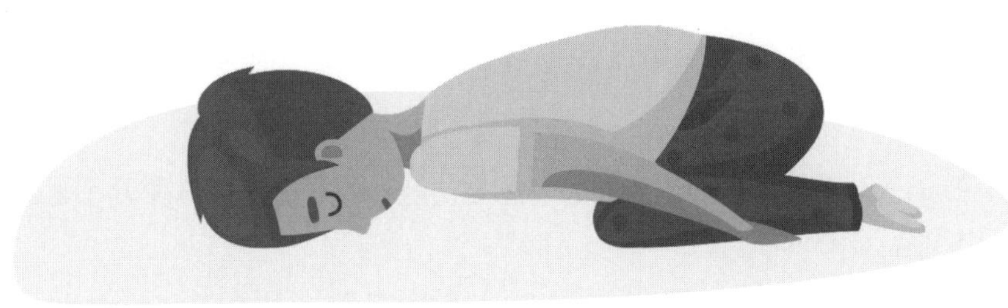

아기 자세

풍선 호흡

이제 새로운 호흡법을 배워 볼까요? 바닥에 허리를 붙이고 누워서 양팔을 나란히 놓거나 배 위에 올려놓으세요. 편안함이 느껴진다면 지그시 눈을 감거나 발끝을 바라보세요.

1. 가볍고 편안하게 숨을 들이쉬고 내쉬세요.
2. 이제 코 아래에 한 손을 대 보세요. 숨을 내쉬면서 따뜻한 바람이 손등을 스치는 것을 느껴 보세요.
3. 손을 코에서 가슴으로 가져가 보세요. 호흡하면서 가슴이 부풀었다 가라앉는 것을 느껴 보세요.
4. 이제 손을 배로 가져가 숨을 들이쉴 때 배가 마치 풍선처럼 부풀어 오르는 것을 느껴 보세요. 배가 풍선처럼 부풀어 오를 때마다 그 풍선이 원하는 색상으로 바뀌는 상상을 하면서 호흡해도 좋아요.
5. 숨을 내쉬면서, 풍선에 바람이 빠지는 것처럼 배가 수축되는 것을 느껴 보세요.
6. 호흡이 여러분을 어떻게 진정시키고, 편안하게 해 주는지 주의를 기울여 관찰해 보세요.
7. 배가 부풀었다 수축되었다 하는 것에 주의를 기울이면서 세 번 더 호흡해 보세요. 숨을 내쉬면서 각 호흡을 세어 보세요.
8. 이제 실습을 멈추고 편안한 자세로 고요히 누워 휴식을 취하세요.

준비가 되었다면 눈을 뜨고 천천히 일어나세요.

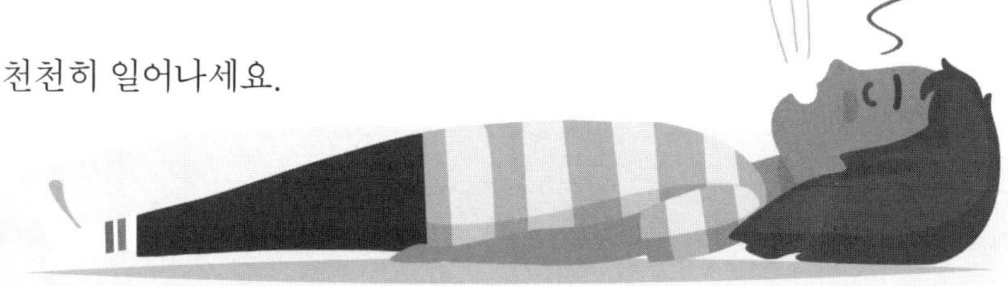

친절한 단어 찾기 게임

친절을 나타내는 단어들을 다음 그림에서 찾아보고 1장에서 배운 내용들을 떠올려 보세요.

연민, 호흡, 친구, 친절, 부드러움, 함께, 돌봄, 위로, 무지개, 포옹, 마음, 소속

		가	섬	돌						주	돌	사		
	민	함	께	호	위				자	로	봄	여	정	
마	속	윤	도	다	로	주		호	현	노	내	파	소	부
무	정	경	연	민	마	송	친	흡	아	유	포	돌	구	절
옹	경	부	인	자	사	바	원	내	차	나	올	위	로	올
친	구	파	모	배	래	랑	나	친	한	무	진	바	염	무
절	감	진	도	부	드	러	움	바	기	지	금	사	호	조
	오	소	생	무	조	염	영	돌	영	개	오	랑	달	
	영	나	절	용	위	무	하	감	사	함	바	별	밤	
		포	오	사	기	득	창	마	음	번	무	치		
			옹	랑	무	소	의	볼	용	애	민			
				치	집	볼	소	바	무	기				
					나	중	속	오	영					
						조	력	랑						
							치							

'지금-여기' 돌멩이

1장에서 여러분은 자신에게 친절 베풀기와 연민에 대해 배웠어요. 여러분의 몸과 마음을 차분하게 하고 집중력을 기르는 간단한 활동을 하나 더 소개하려고 해요. 하지만 그전에 손바닥 크기의 작은 돌멩이 하나를 준비해야 합니다. 모양이나 색이 마음에 드는 예쁜 돌멩이로 골라 보세요.

여러분은 평소 길을 걸을 때 돌멩이들을 집중해서 들여다본 적이 있나요? 이번 활동에서는 여러분의 감각을 활용해 돌멩이의 모든 부분을 탐구해 볼 거예요. 시작하기에 앞서 돌멩이를 깨끗하게 씻어 주세요.

이제 여러분의 시각을 활용해 돌멩이에 주의를 기울여 보세요. 돌멩이의 매끄러움, 들쭉날쭉한 모서리, 색깔과 무늬, 또는 다른 눈에 띄는 특성들을 살펴보세요.

이제 눈을 감고 촉감을 활용해 돌멩이를 탐색해 보세요. 우선, 손으로 돌멩이를 감싸고 꼭 쥐어 보세요. 단단한가요, 부드러운가요? 거친가요, 매끈한가요? 굴곡이 있나요, 아니면 동그랗거나 평평한가요? 돌멩이의 온도는 따뜻한가요, 차가운가요? 모든 감각을 통해 돌멩이를 가까이에 두고 자주 탐구해 보기를 바라요.

시각과 촉각을 통해 어떤 것들을 경험했는지 적어 보세요.

이와 같은 방식으로 주의를 기울일 때 몸과 마음에 고요함과 차분함이 느껴졌나요?
여러분의 답에 동그라미 치세요. (예 / 아니요)

어떤 돌들은 지구처럼 오래된 것인지도 몰라요. 돌멩이가 얼마나 오랜 세월을 버티며 인류와 함께해 왔는지 잠시 시간을 갖고 고마운 마음을 느껴 보세요.

여러분이 돌멩이에 충분히 관심을 갖고 관찰해 봤으니, 이제 돌멩이를 멀리 두고 기억할 수 있는 만큼 다음의 빈 공간에 돌멩이의 상세한 특징들을 그려 보세요. 그림을 다 그린 후에, 돌멩이를 다시 가져와 살펴보며 여러분이 얼마나 많은 특징을 기억했는지 비교해 보세요.

만약 이 활동을 통해 안정을 얻었다면, 돌멩이를 찾기 쉬운 곳에 두거나 가지고 다니면서 필요할 때 활용해 보세요. 이 활동은 언제든, 어디에서든, 여러분 스스로 할 수 있답니다.

나만의 도구상자 만들기

이제 여러분은 자기연민과 친절을 배웠으니 특히 어려운 상황에 처했을 때 나 자신과 친구가 되어 줄 수 있어요.

1장에서 배운 활동 중 다시 시도해 보고 싶은 것에 체크하세요.

____ 무지개 호흡 ____ 위로의 손길 ____ 풍선 호흡

____ 무지개를 따라서 ____ 고양이/소 자세 ____ '지금- 여기' 돌멩이

나눔은 곧 돌봄

자기연민에 관한 활동이나 의견을 친구와 나누고 싶은 것이 있나요? 친구의 이름을 적고 어떤 활동이나 의견을 나누고 싶은지 적어 보세요.

친구 이름: ____

친구와 무엇을 나누고 싶나요? ____

____

____

예고편

다음 장에서는 여러분이 집중해야 할 때 마음챙김 활동을 통해 어떻게 하면 여러분의 분주한 마음을 다스릴 수 있는지 배우게 될 거예요.

새로운 방법으로 집중하기

혹시 여러분은 마음이 산만해서 집중력이 흐트러진 적이 있나요? 마음챙김은 순간 순간에 집중하여 주변 혹은 여러분의 몸속에서 일어나는 일들에 주의를 기울이는 것이에요. 마음챙김은 공상이나 미래에 대한 걱정보다는 현재 일어나는 일들에 관심을 갖고 집중할 수 있도록 도와줍니다. 마음챙김 활동을 통해 현재의 순간에 연결되도록 하는 인지 근육을 키울 수 있을 거예요. 예를 들면, 여러분은 오감을 통해 사과를 먹는 것에 집중해 볼 수 있어요. 미각, 촉각, 또는 청각을 활용하여, 사과를 먹는다는 것이 어떤 것인지 알아차리다 보면 그 시간이 더욱 즐거울지도 몰라요.

여러분이 마음챙김 활동을 하면 할수록, 주의 집중하기가 더 쉬워질 거예요. 그렇게 되면 여러분은 몸과 마음의 안정을 찾는 방법 또한 배울 수 있게 되겠지요. 2장에서는 재미있고 신나는 활동들로 인지 근육을 키울 기회가 있을 거예요.

인지 근육을 키우는 방법 중 하나는 청각을 통한 것이에요. 여러분의 귀로 소리를 들으며 그 소리에 집중하는 방법을 함께 배워 봐요. 지금 현재에 일어나는 일들에 마음을 집중하는 아주 좋은 방법이랍니다.

소리 찾기

어른의 동의를 구한 후, 집 안이나 밖에 앉을 수 있는 공간을 찾아보세요. 마음에 드는 곳에 앉아서 여러분의 귀에 소리가 찾아올 때까지 조용히 기다리는 거예요. 소리를 잘 찾는 사람은 모든 종류의 소리를 발견할 수 있으니 마음을 집중해 보세요.
그리고 여러분이 찾은 소리들을 이 노트에 한번 적어 보세요.

소리 찾기 노트

들을 수 있는 한, 가장 멀리 있는 소리: ______________________________

큰 소리: ______________________________

조용한 소리: ______________________________

듣기 좋았던 소리: ______________________________

가장 오래 지속된 소리: ______________________________

내면의 소리: ______________________________

모든 감각으로 먹기

이번 활동에서는 여러분의 상상력을 활용하여 마치 다른 행성에서 건너와 지구의 음식을 처음 먹어 보는 것처럼 행동하는 거예요. 외계인들도 무언가를 먹어야 하니, 여러분이 과일 또는 초콜릿 같은 것을 골라서 오감으로 지구의 음식을 탐색해 보세요. 여러분은 지구라는 행성에 처음 방문했고 이런 음식은 한 번도 본 적이 없다는 사실을 잊지 마세요. 여러분의 감각을 통해 주의를 기울이는 것은 마음챙김 근육을 키우는 또 하나의 좋은 방법이랍니다!

준비물: 과일 한 조각 또는 초콜릿

〈활동 방법〉

1. 지구 음식을 손에 쥐고 눈을 감아 보아요.
2. 손가락으로 느껴 보세요. 지구 음식의 모양에 주목해 보세요. 감촉은 어떤지, 울퉁불퉁한지 매끄러운지 만져 보아요.

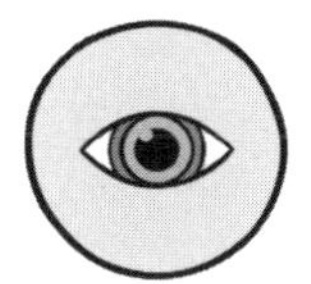

3. 눈으로 바라보세요. 지구 음식의 색감에 주목해 보세요. 크기와 모양을 살펴보아요.

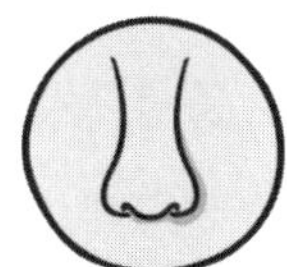

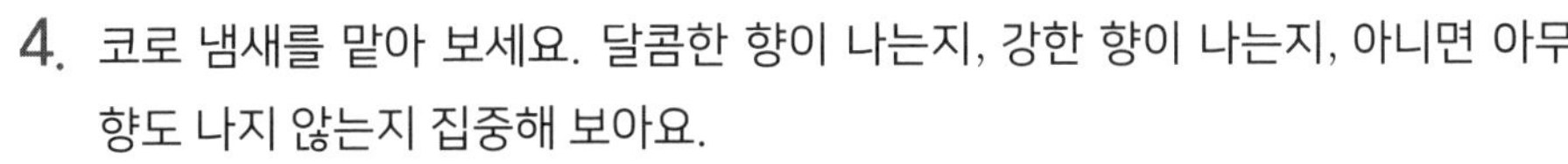

4. 코로 냄새를 맡아 보세요. 달콤한 향이 나는지, 강한 향이 나는지, 아니면 아무 향도 나지 않는지 집중해 보아요.

5. 귀로 들어 보세요. 지구 음식을 귀에 가까이 가져가서 손으로 꼭 쥐거나 껍질을 벗겨 보세요. 어떤 소리를 내는지 잘 들어 보아요.

6. 혀로 맛을 보세요. 음식을 혓바닥 위에 올려놓아 보세요. 한입 베어 물고, 어떤 맛인지 느껴 보아요. 천천히 씹어 보면서 맛이 어떻게 변하는지 느껴 보세요. 삼키면서 어떤 느낌이 드는지 집중해 보아요.

좀비 걸음걸이

좀비는 의식이 있을까요? 오히려 그 반대라면 모를까요! 하지만 좀비처럼 걷기는 의식적인 걸음걸이를 연습하는 재미있는 방법이 될 수 있어요. 걸으면서 여러분의 몸과 발이 땅에 닿는 느낌에 집중할 때, 몸과 마음을 진정시킬 수 있답니다.

우선, 허리를 펴고 서서 여러분의 발바닥을 주목해 보세요. 몸을 앞뒤로 그리고 양 옆으로 흔들어 보면서 어떻게 몸이 균형을 잡는지, 제대로 서 있도록 발이 얼마나 중요한 역할을 하는지 주의를 기울여 보세요.

이제, 여러분의 다리를 뻣뻣하게 만들어서 아주 천천히 걸어 보는 거예요. 마치 좀비처럼요. 속도를 더 줄였을 때 어떻게 다른지 주목해 보세요. 뻣뻣하게 굳은 좀비 다리로 한 걸음씩 내디디며 발바닥의 느낌이 어떻게 변하는지 느껴 보세요.

여러분이 앞으로 열 걸음, 뒤로 열 걸음을 좀비처럼 걸어갈 수 있는지 한번 시도해 보세요.

이제, 여러분의 팔을 좀비처럼 뻣뻣하게 만드는 거예요. 팔을 앞으로 쭉 뻗어 보세요. 좀비 걸음걸이를 하면서 좀비처럼 소리를 내 볼 수도 있겠죠?

걸음을 멈추고 휴식을 취하면서 여러분의 몸과 마음이 지금 어떤 상태인지 주의를 기울여 보세요. **좀비처럼 걷는 것이 평소 여러분이 걷는 것과 어떻게 달랐나요?**

걷는 속도를 줄이고 여러분의 몸에 집중하는 것이 어떤 도움이 될까요?

여러분은 좀비 걸음걸이를 흉내 내면서 스스로가 좀비 또는 다른 것들에 대해 생각했다는 사실을 눈치 챘을 거예요. 마음은 어떤 특정한 것에 집중하고 있지 않은 이상 늘 방황하기 마련이에요. 다음 활동에서는 여러분의 마음을 다스리는 방법을 배우게 될 거예요.

누가 강아지를 풀어 줬을까?

아직 훈련을 받지 않은 강아지가 어떻게 행동하는지 본 적 있나요? 아무 때나 뛰놀고, 먹고, 자고, 원하는 대로 하지요. 규칙에 대한 개념도 없고, 어디에서 볼 일을 봐야 하는지도 모르죠. 어떤 것이든 물어뜯어도 좋다고 생각해요. 그리고 자신의 영역 안에 있는 모든 풍경과 냄새에 반응하기 때문에 이리저리 돌아다니다 길을 잃기도 합니다. 좋은 반려견이 되기 위해서는 많은 훈련이 필요하답니다.

우리의 분주한 마음도 강아지처럼 이리저리 방황할 수 있어요. 어제 또는 오늘 아침에 일어난 일에 대해 떠올리기도 했다가, 내일 무슨 일이 생길지 걱정하기도 하지요. 이렇게 마음속이 분주할 때는 중요한 일에 집중하기 어려워지고, 심하면 스트레스를 받게 되기도 한답니다.

여러분이 집중하기에 가장 좋은 시간은 언제인가요? 아래의 빈칸에 적어 보세요.

다음의 실험을 통해 여러분의 마음속 강아지가 얼마나 분주한지 확인해 보세요.

1. 지금 있는 곳에서 편안한 자세를 취하고, 가능하다면 눈을 감아 보세요.

2. 한 손은 배 위에, 한 손은 가슴 위에 얹어 주세요.

3. 이제 모든 주의를 호흡으로 가져가 보세요. 숨을 들이쉬고 내쉬는 것을 느껴 보세요.

4. 숨을 들이쉴 때 가슴과 배가 차오르는 변화를 느껴 보세요.

5. 여러분의 마음속 강아지는 지금 어디에 있나요? 호흡에 집중하고 있나요, 아니면 저 멀리 사라져 버렸나요? 호흡하는 데 다시 집중할 수 있나요?

6. 천천히 눈을 뜨세요.

여러분의 마음속 강아지는 호흡에 집중하는 데 성공했나요? **여러분의 답에 동그라미 치세요.**
(예 / 아니요)

여러분의 마음속 강아지는 너무 분주해서 다른 것들에 집중하기 어려웠나요? **여러분의 답에 동그라미 치세요.**
(예 / 아니요)

원한다면, 여러분의 마음속 강아지가 무엇을 하고 있었는지 그림을 그려 보세요.

마음속 강아지 유리병

집중력을 기르는 것은 여러분이 스스로에게 친절을 베푸는 방법이기도 해요. 마음속 강아지는 분주한 마음이기 때문에 스트레스와 걱정을 키우기도 하지요. 고요한 마음은 여러분이 휴식을 취하고 스스로를 돌볼 수 있게 해 줘요. 다음의 실험을 통해 고요한 마음과 분주한 마음의 차이를 발견해 보세요!

준비물: 베이킹 소다, 물, 뚜껑이 있는 유리병

이 실험은 마음챙김이 어떻게 여러분의 마음을 고요하게 하고 현재 일어나는 일들에 대한 집중력을 길러 주는지 보여 줄 거예요.

1. 유리병을 물로 가득 채우고, 위에 2cm 정도의 여유를 남겨 주세요.

2. 베이킹 소다 또는 설탕을 1/2 숟가락 넣고 뚜껑을 꼭 닫아 주세요.

3. 유리병을 흔들어서 유리병 안이 흐릿해지는 것을 관찰해 보세요. 여러분의 마음이 분주해지거나, 많은 생각들이 돌아다니거나, 기분이 상하거나 스트레스를 받았을 때 이렇게 마음이 흐릿해지는 현상이 나타날 수 있어요.

4. 의도를 갖고 집중하지 않는 이상, 여러분의 마음속 강아지는 과거 또는 미래를 끊임없이 방황한다는 사실을 기억하세요.

5. 베이킹 소다가 바닥으로 가라앉을 때까지 유리병 안의 탁한 물을 관찰해 보세요. 조금 기다리면 물이 금세 투명해지는 것을 볼 수 있어요. 마음챙김은 여러분의 분주한 마음을 이와 같이 가라앉게 할 수 있어요. 여러분이 주의를 기울이면, 탁한 물과 같이 분주한 생각들이 가라앉고 정돈되는 것을 느낄 수 있을 거예요.

6. 유리병을 한 번 더 흔들어서 탁한 현상이 다시 가라앉는 것을 보세요. 이번에는 베이킹 소다가 가라앉는 것을 보면서 여러분의 호흡을 집중하고, 몸과 마음에 어떤 일이 생기는지 살펴보세요.

이 활동을 마친 후에 여러분의 마음이 분주함과 고요함 사이 어디쯤 머물러 있는지 오른쪽 그림을 밑그림으로 활용해 그려 보세요. 구불구불한 선을 그려도 좋고, 어떠한 방식으로든지 여러분의 현재 마음 상태를 나타낼 수 있는 것이라면 다 좋아요.

마음속 강아지 훈련하기

지금쯤 여러분은 주의를 기울이는 것이 생각만큼 쉽지 않다는 것을 알아차렸을 거예요. 때로는 여러분의 마음속 강아지가 너무 분주해서 진정시키는 데 도움이 필요하기도 하지요. 여러분의 집중력을 훈련하는 새롭고 흥미로운 방법을 소개할게요.

1. 글씨를 쓰지 않는 손을 별의 다섯 모서리처럼 넓게 펼치고, 손바닥은 여러분을 향하게 두세요.

2. 이제 글씨를 쓰는 손의 검지를 이용해 손가락의 모양을 아래 그림의 화살표 순서대로 따라 움직여 보세요. 숨을 들이쉬며 엄지손가락 한 면을 따라 위쪽으로, 숨을 천천히 내쉬며 엄지손가락 다른 면을 따라 아래쪽으로 움직이는 거예요.

3. 또다시 숨을 들이쉬며 검지의 위쪽으로 움직이고, 꼭대기에서 숫자 2를 세고, 숨을 내쉬면서 검지의 다른 면을 따라 아래쪽으로 움직여 보세요.

4. 이런 방식으로 모든 손가락을 지나서 새끼손가락의 아래 지점에 닿기까지 숨을 들이쉬고, 움직이고, 수를 세고, 숨을 내쉬는 과정을 반복하세요.

5. 그리고 다시 반대 방향으로 돌아가면서 손가락을 움직이고, 숨을 들이쉬고, 수를 세고, 숨을 내쉬면서 엄지손가락의 아래 지점까지 돌아가 보는 거예요.

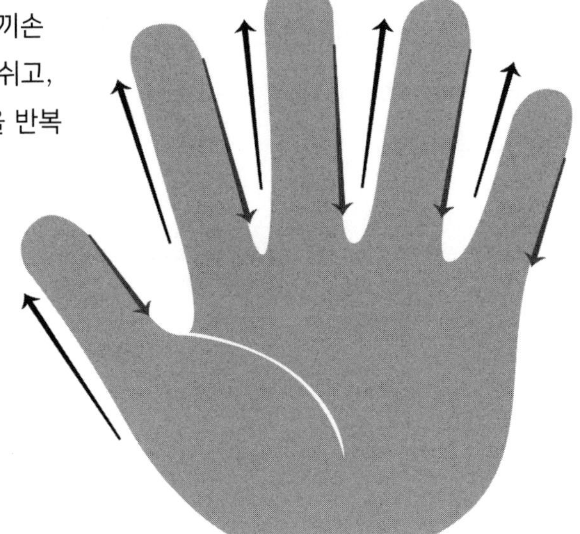

이 활동을 하면서 여러분의 마음속 강아지는 얼마나 분주했나요? **활동을 마치면서 여러분의 마음속 강아지가 얼마나 고요했는지 나타내는 숫자에 동그라미 치세요.**

집중하여 마음속 강아지 찾기

다음의 농장 그림을 보세요.

여러분의 시각을 활용해 주의를 기울여서, 농장 그림 곳곳에 숨어 있는 마음챙김을 나타내는 단어들을 찾아 보세요. 여러분의 마음챙김 근육을 기르는 또 다른 방법이랍니다.

숨은 단어

- 강아지 마음
- 좀비
- 호흡
- 주의
- 마음챙김

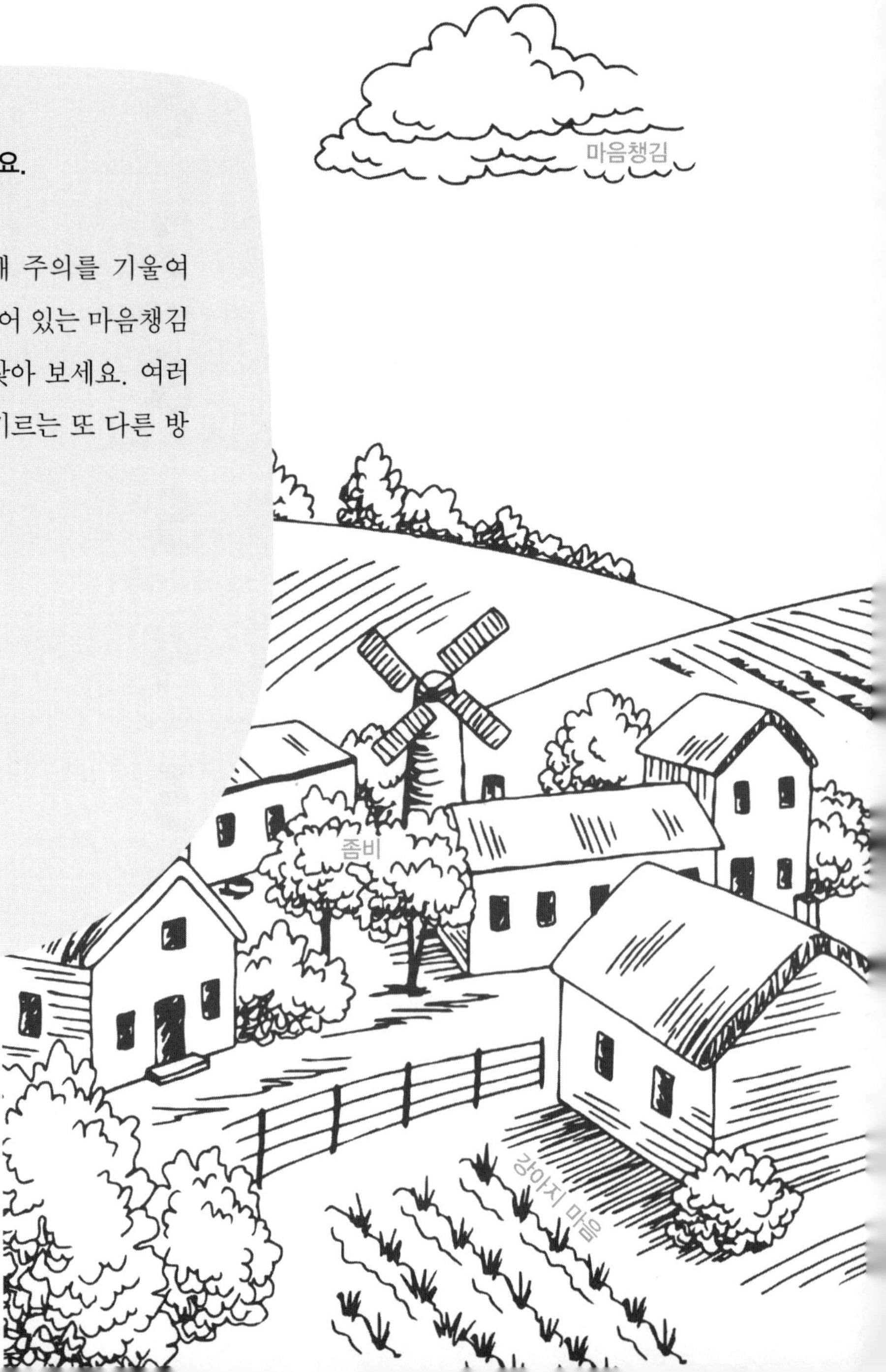

호흡하는 것을 잊지 마세요!

다음 페이지를 보면 '들숨날숨 호흡'이라는 단어의 6행시가 있을 거예요. 다음의 빈칸에 그 6행시와 어울리는 여러분의 모습을 상상하여 그림을 그려 보세요. 또는 여러분이 스스로 들숨날숨 호흡으로 6행시를 지어 볼 수도 있겠지요?

들: 들뜬 몸과 마음

숨: 숨을 쉬면,

날: 날개처럼 가벼워져요.

숨: 숨과 함께 지금-여기에 머물러요.

호: 호흡해요, 우리 함께.

흡: 흡~ 들숨, 후~ 날숨.

---

* '들숨날숨 호흡'은 한국 어린이들을 위한 역자의 제안임. 원서에는 다음과 같이 제시됨.

Busy mind
Restless body
Enjoy a breath
Anchor attention
To this moment
Here and now
Easy, flowing breath

상냥한 바디 스캔

2장에서 여러분은 새로운 방식으로 주의를 기울이는 연습을 하고, 분주한 마음속 강아지를 진정시키는 방법을 배웠어요. 이제 여러분은 이 기술들을 통해 스스로에 대해 더 잘 알아 가고 자기 자신에게 친절을 베푸는 법을 배울 수 있답니다.

1. 여러분이 가장 편안하게 느끼는 자세를 취하고 눈을 감아 보세요. 눕거나 앉아 있어도 좋아요.

2. 이제 호흡에 주의를 기울이면서 여러분의 몸이 자연스럽게 호흡을 이어 가는 것에 주의를 기울여 보세요. 1장에서 배운 풍선 호흡을 떠올리며 호흡할 때마다 배가 부풀었다 가라앉는 것을 느껴 보세요.

3. 준비가 되었으면, 여러분의 주의를 양발과 양다리에 집중하고 어떠한 신체적 감각이 느껴지는지 주의를 기울여 보세요. 찬 기운이나 더운 기운이 느껴질 수도 있어요.

4. 매일 여러분을 이곳저곳으로 데리고 다니느라 수고가 많은 다리, 발목 그리고 무릎에 어떻게 하면 작은 친절을 베풀 수 있을지 떠올려 보세요.

5. 이제 여러분의 주의를 다리에서부터 몸 위쪽으로 옮겨 보세요. 여러분의 배가 부풀었다 가라앉는 것과 폐가 확장하고 수축하는 것에 주의를 기울이며, 여러분의 몸이 하는 일들에 대해 충분히 감사하는 마음을 느껴 보세요.

6. 여러분의 심장이 뛰는 것과 심장이 하는 모든 일들에 주의를 기울여 보세요. 그리고 충분히 감사하는 마음을 느껴 보세요.

7. 만일 여러분의 마음속 강아지가 돌아다니며 다른 생각들을 하고 있다면, 조심스럽게 여러분의 몸으로 주의를 가져올 수 있어요.

8. 이제 여러분의 양팔, 양손, 손가락에 주의를 가져오면서 여러분이 만지고, 잡고, 만들고, 타인과 연결되도록 역할을 해 주는 몸의 일부에 대해 떠올려 보세요.

9. 여러분의 몸을 관찰할 때 쓰림, 멍, 두통과 같은 통증을 발견한다면 몸의 일부에 대해 연민과 다정함을 보내 주세요. 통증을 느끼는 부위에 손을 대고 부드럽게 어루만져 주어도 좋아요.

10. 이제 마지막으로 여러분의 머리에 주의를 기울여 보세요. 두개골의 무게를 느끼고 그것이 뇌를 보호하는 데 얼마나 중요한 역할을 하는지 떠올려 보세요. 그리고 여러분의 눈, 입 그리고 턱 주위의 근육에 주의를 기울여 보세요. 각 부위 근육의 긴장을 풀어 줄 수 있나요?

11. 마지막으로 여러분이 살고 있는 이 놀라운 몸에 대해 연민과 감사의 마음을 느껴 보세요. 여러분이 안전하고 건강할 수 있도록 열심히 일하는 몸에게 고마움을 표현하고 싶어질 거예요.

살며시 눈을 떠 보세요. 다음 페이지에 있는 그림을 활용해 여러분의 몸 어느 부위에 주의가 필요한지 살펴보고, 그 위에 하트나 반창고 모양을 그려 주세요. 여러분의 신체 중 가장 편안함을 느끼는 부위에는 웃는 얼굴 모양을 그려 주세요. 여러분이 유독 고맙게 여기는 부위에 엄지 모양을 그려 주세요.

나만의 도구상자 만들기

이제 여러분은 마음챙김에 대해서 배웠으니 스스로 몸과 마음을 안정시키는 데 활용할 수 있을 거예요.

2장에서 배운 활동 중 다시 시도해 보고 싶은 것에 체크하세요.

____ 소리 찾기 ____ 모든 감각으로 먹기 ____ 좀비 걸음걸이

____ 누가 강아지를 풀어 줬을까? ____ 마음속 강아지 유리병 ____ 마음속 강아지 훈련하기

____ 집중하여 마음속 강아지 찾기 ____ 호흡하는 것을 잊지 마세요! ____ 상냥한 바디 스캔

나눔은 곧 돌봄

마음챙김에 관한 활동이나 의견을 친구와 나누고 싶은 것이 있나요? 친구의 이름을 적고 어떤 활동이나 의견을 나누고 싶은지 적어 보세요.

친구 이름: ______________________________

친구와 무엇을 나누고 싶나요? ______________________________

____

____

예고편

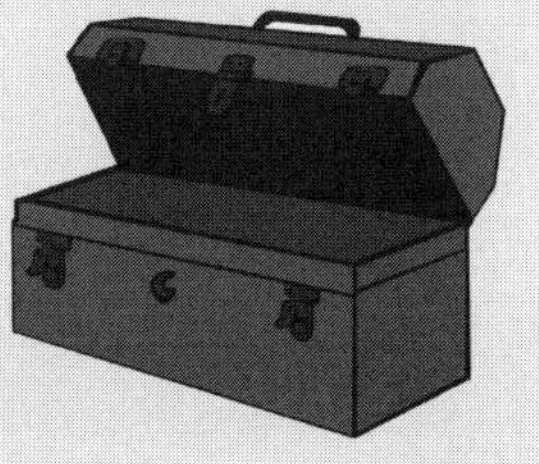

다음 장에서는 자신에게 친절을 베푸는 법, 즉 자기 자신과 좋은 친구가 되는 방법에 대해 배우게 될 거예요.

친절을 기르는 방법

혹시 여러분의 부모님이나 선생님들이 왜 친절의 중요성에 대해 이야기하는지 궁금했던 적이 있나요? 왜냐하면 친절은 좋은 친구 관계와 좋은 감정을 키우는 데 도움을 주기 때문이에요.

친절은 친근하고, 관대하고, 스스로를 포함해 가까이에 있거나 먼 곳에 있는 사람들을 돌보는 방법이에요. 여러분이 마지막으로 누군가에게 친절을 베풀었던 것은 언제인가요? 그때 어떤 기분이 들었는지 기억하나요? 만약 기분이 좋았다면, 그것은 여러분의 뇌가 '행복 화학 물질'을 방출해서 여러분이 친절을 베풀 때 긍정적 감정을 불러일으켰기 때문이에요.

3장에서는 여러분이 자기 자신과 다른 사람들에게 친절을 베푸는 것이 얼마나 중요한지에 대해 배우게 될 거예요. 가장 좋아하는 친구를 대하듯 스스로를 대하는 것은 여러분의 친절 근육을 키우고 더욱 마음이 단단한 사람이 되게 만들어 줄 거예요. 여러분이 상처 받거나 슬플 때 어떤 기분이 드는지 떠올려 보세요. 어쩌면 포기하고 싶은 마음이 들 수 있지만, 자신에게 친절을 베푸는 것을 연습할 때 여러분은 친절의 힘을 기르고 마음에 용기가 생기게 될 거예요! 친절은 여러분이 돌보고, 연결되고, 장애물을 돌파하는 초능력이 되어 줄 거랍니다!

친절의 씨앗 뿌리기

화분에 씨앗을 심는 것은 친절을 기르는 아주 좋은 방법이에요. 식물이 잘 자라기 위해서는 물과 햇빛과 같은 필수적인 영양분이 충분히 공급되고 있는지 확인하며 돌봐야 해요. 식물도 사람들처럼 친절한 언어를 필요로 한답니다.

여러분은 사랑과 친절이 긍정적인 감정과 타인과의 연결을 강화하는 뇌세포를 새롭게 만들어 낸다는 사실을 알고 있었나요? 여러분이 모든 생물체에 베푸는 친절은 그들이 건강하고 튼튼하게 자라도록 도와준답니다.

준비물: 작은 나무 또는 12cm 정도의 화분, 씨앗 꾸러미(꽃 또는 채소 종류), 화분용 영양토 또는 정원에서 담아 온 흙, 스티커, 펜, 페인트(선택)

〈방법〉

우선, 여러분의 화분을 펜이나 붓으로 글씨도 쓰고 장식해 보세요. 여러분의 마음속에 기르고 싶은 것을 단어로 선택해 화분에 적어 보세요. 그림이나 스티커를 활용해서 장식해도 좋아요.

화분을 다 장식했다면, 흙을 담고 씨앗을 뿌리세요. 그리고 흙이 마르지 않을 만큼만 물을 주세요. 씨앗이 잘 자랄 수 있도록 화분에 주기적으로 물을 주고, 적정한 양의 햇빛을 쬐어 주는 것을 잊지 마세요. 여러분의 마음속에 친절을 키우듯 보살펴 주세요.

친절의 씨앗을 뿌리는 또 다른 방법을 가르쳐 줄게요. 만일 씨앗과 화분을 준비하기 어렵다면, 친절을 나타내는 단어들로 다음 페이지의 그림을 장식하면 돼요.

감사
배려
돌봄
사랑
용기
소망
친절
행복
존중
우정
영감

친절 미로 찾기

이제 여러분의 마음속 강아지를 데리고 미로를 산책하며 얼마나 훈련이 잘 되었는지 확인할 시간이에요. 미로를 나올 때까지 최대한 집중하며 친절에 대한 사실들을 수집해 보면 어떨까요? 미로 속 여정을 마무리하면서 다음 질문에 대답해 보세요.

출발

미로의 끝에서 던지는 질문: 친절에 대한 사실 중 어떤 것이 가장 마음에 들었나요? 미로 안의 문장에 동그라미 치거나 아래에 여러분의 답을 쓰세요.

친절은……

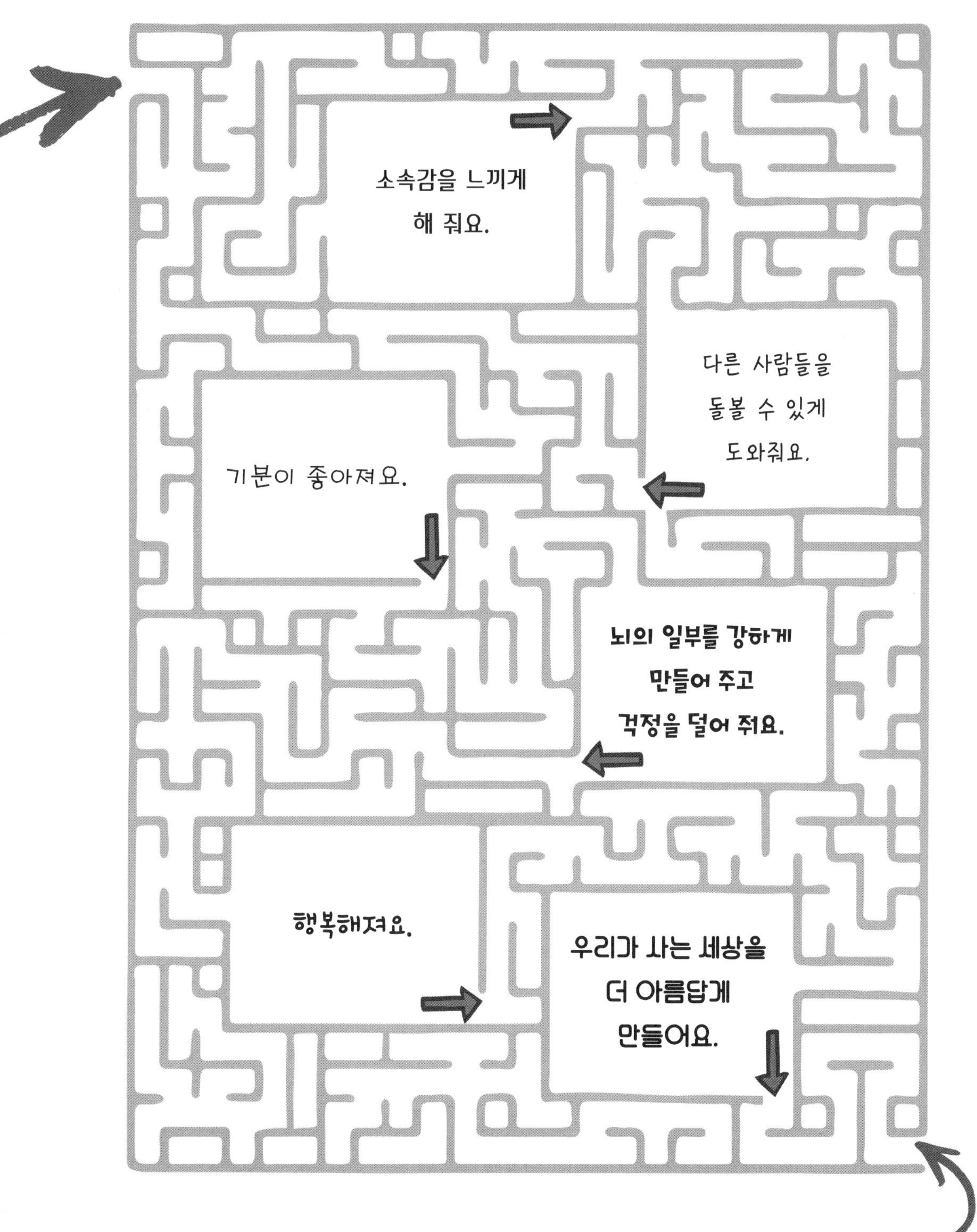
소속감을 느끼게
해 줘요.
다른 사람들을
돌볼 수 있게
도와줘요.
기분이 좋아져요.
뇌의 일부를 강하게
만들어 주고
걱정을 덜어 줘요.
행복해져요.
우리가 사는 세상을
더 아름답게
만들어요.
도착

친절의 바람개비를 불어요

바람개비를 불며 여러분의 호흡이 얼마나 힘이 있는지 확인해 볼 수 있어요. 그러기 위해서는 우선 여러분만의 바람개비를 만들어야 한답니다.

준비물: 종이, 가위, 풀, 크레파스 또는 매직펜, 압정, 단추 또는 구멍이 있는 구슬, 지우개

1. 두꺼운 종이를 20cm 크기의 사각형으로 두 장 자르세요. 양식은 다음의 링크에서 다운로드 할 수 있어요: http://www.newharbinger.com/50645. 색상은 여러분이 원하는 것으로 고르세요.

2. 사각형 모양으로 자른 종이 위에 원하는 무늬나 디자인으로 그림을 그려 보세요. 종이를 장식할 때 그것에 온전히 주의를 기울여 보세요.

3. 사각형 종이들을 자를 때 집중하면서 마음챙김의 자세로 해 보세요. 필요하다면 부모님 또는 다른 어른들에게 도움을 구해도 좋아요.

4. 장식하지 않은 면들에 풀칠하고 조심스럽게 양면을 붙여 보세요. 그러면 양면이 장식된 한 장의 종이가 된답니다. 풀이 충분히 마르기까지 기다려 주세요.

5. 다음의 그림을 참고하여 사각형 종이의 각 모서리에

서부터 중간 지점까지 약간의 여유를 남겨 두고 대각선으로 자르세요. 혼자 하기 힘들다면 도움을 요청하세요.

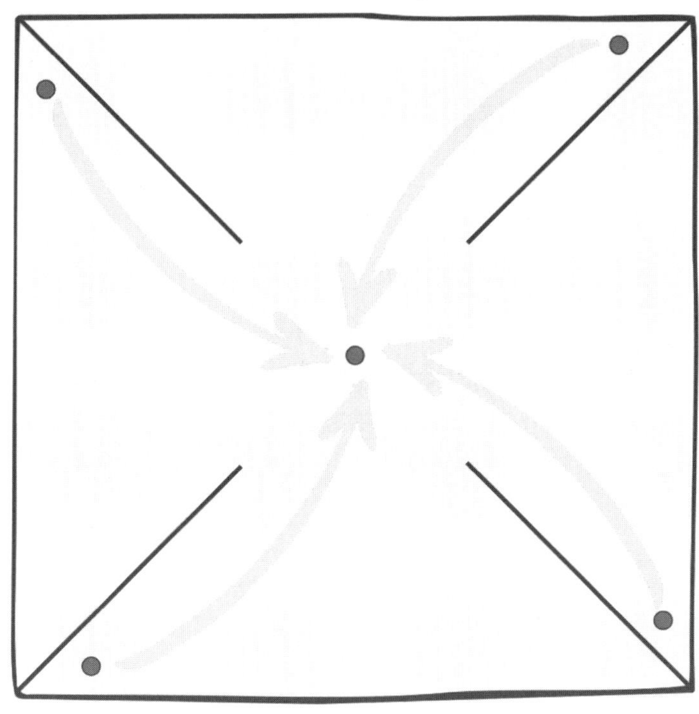

6. 자른 모서리 한 끝을 완전히 접지 않은 상태로 중심점까지 끌고 가세요. 모서리 끝을 중심점에 풀칠하거나 손으로 잡고 있어도 좋아요.

7. 이제 맞은편에 있는 모서리 끝을 중심점으로 가져오고, 다른 두 모서리도 이와 같이 반복해 주세요. 네 개의 모서리 끝을 중심점으로 모아 주면 됩니다.

8. 네 개의 모서리 끝을 고정시키기 위해서 중심점에 압정을 꽂아 주세요.

9. 바람개비를 뒤집어서 압정 뒷부분에 단추 또는 구슬을 끼우고, 압정 끝을 지우개에 꽂아 주세요. 압정을 지우개에 꽂을 때 약간의 여유 공간을 남겨 바람개비가 잘 회전할 수 있도록 해 주세요.

이제 바람개비를 불어 보세요. 여러분이 숨을 내쉴 때 바람개비가 돌아가는 것을 주의 깊게 살펴보세요. 바람개비를 이용해 의식적으로 호흡을 연습할 수 있어요. 바람개비를 통해 친절을 세상에 흘려보내고 있다고 상상해도 좋아요. 특별히 친절을 베풀고 싶은 친구나 소중한 사람들을 떠올려 보고, 그들에게 친절을 베푼다고 상상해 보세요. 여러분은 충분히 할 수 있답니다!

소중한 사람을 향한 사랑과 친절

이 짧은 명상 안내는 여러분이 다른 사람들을 향한 친절을 기르는 동시에 친절한 소원들로 스스로를 진정시키고 마음을 달랠 수 있어요. 때로는 여러분이 선한 마음을 베풀고 싶은 누군가를 떠올리는 게 어려울 수 있어요. 만약 아무도 생각이 나지 않는다 해도, 괜찮아요. 그럴 때는 여러분 스스로를 향한 친절한 말들을 떠올리면서 호흡하면 된답니다.

1. 여러분이 가장 편안하게 느끼는 자세를 취하세요. 눕거나 의자에 앉아도 좋아요. 눈을 감고 여러분이 소중하게 여기는 사람, 여러분을 웃게 만드는 사람, 또는 생각만 해도 기분이 좋아지게 만드는 사람을 떠올려 보세요!

2. 이제 그 사람을 마음속에서 또렷이 그려 보세요. 친구, 할머니, 할아버지, 엄마, 아빠, 형, 누나, 동생 또는 여러분의 반려동물이 될 수도 있을 거예요. 마음속에 그 사람들의 모습을 그려 보고 잠시 멈추어 보세요.

3. 여러분의 손을 심장에 올려놓거나 스스로를 안아 주면서 소중한 누군가를 따스하게 포옹해 준다고 상상해 보세요.

4. 여러분의 심장 가까이 그들을 꼭 안아 줄 때 그들이 얼마나 행복해할지 떠올려 보세요. 그들의 얼굴에 머무는 미소를 그려 보세요.

5. 소중한 사람 또는 반려동물에게 여러분이 다정하게 주의를 기울일 때, 마음속에서 어떤 기분이 느껴지는지 시간을 갖고 천천히 살펴보세요.

6. 그들과 지금 함께 있다고 생각하며 친절한 소원을 보내 보세요. “나는 당신이 행복하기를 바라. 당신에게 친절이 가득하기를 바라. 당신에게 멋진 우정이 있기를 바라.”라고 소원을 여러 번 반복해 보세요.

7. 이제 여러분이 소중히 여기는 사람에게 친절한 소원을 보낼 때 어떤 기분이 드는지 여러분 마음에 주의를 기울여 보세요. 조용히 고요함 속에서 그 기분들 하나하나에 이름을 붙여 보세요.

8. 준비가 되었다면, 눈을 뜨세요.

누구에게 친절한 소원을 보냈나요? ______________________________

이 명상이 여러분이 소중하게 여기는 사람과 연결되는 데 도움이 되었는지 떠올려 보세요.

지금 여러분의 기분을 가장 잘 나타내는 이모티콘에 동그라미 치세요.

친절은 어떻게 생겼나요?

이제 소중한 사람들에게 친절한 소원을 보내는 연습을 해 봤으니, 친절을 베푸는 다른 방법들을 탐구해 봐요. **친절 차트를 보고 여러분이 이번 주에 실행하고 싶은 친절 행동 한 가지를 선택하세요.** 빈칸에는 여러분이 특별히 하고 싶은 친절 행동을 적어 보세요. 여러분이 세상에 친절을 가져오는 것을 잊지 않도록 차트를 색칠하거나 벽이나 냉장고에 걸어 두어도 좋아요. 스스로에게 친절을 베푸는 것도 잊지 마세요!

혼자 점심 먹는
친구에게 같이
먹자고 권하기

힘든 하루를 보내고
있는 친구에게
위로의 말 건네기

집안일
돕기

친절은 어떻게 생겼나요?

부모님께 맛있는
식사를 준비해 주셔서
감사하다고
말씀드리기

다른 사람이
어지른 것을
대신 치워 주기

다른 친구와
가까워지기

누가 내 크레파스 안에 있지?

과학적으로 사람은 자신과 결이 비슷한 사람들에게 친절을 베풀기 쉽다고 해요. 예를 들어, 타인이 여러분과 생김새와 차림새, 식습관이 비슷하다면 그들에게 잘해 주기 쉬워지지요. 하지만 여러분과 결이 다른 사람들에게 친절을 베푸는 것도 매우 중요하답니다. 어쩌면 훨씬 더 중요하지요!

모두 똑같은 사람들만 사는 세상을 상상해 보세요. 재미없지 않나요? 반대로, 서로 다르더라도 서로에게 친절을 베푸는 세상을 상상해 보세요!

어떻게 하면 여러분과 결이 다른 사람에게 친절을 베풀 수 있을까요?

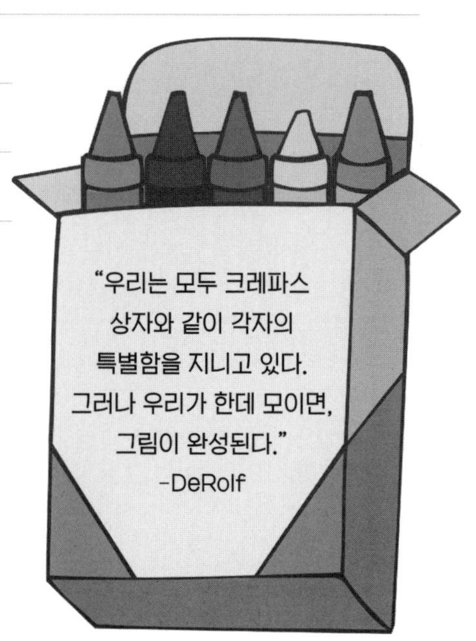

크레파스 상자 안에 있는 시를 읽어 보세요.

이 시를 통해 여러분은 크레파스가 오직 한 가지 색깔만 있다면 무엇이 부족할지 생각해 볼 수 있을 거예요. 다양한 색깔이 있다면 세상은 더 다채로울 거예요! 사람도 똑같아요. 여러분과 다른 사람들을 품는 것은 여러분의 세상을 더욱 넓고, 다채롭고, 재미있게 만들어 준답니다.

여러분의 세상에서 여러분과 결이 다른 친구 네 명을 떠올려 볼 수 있나요? 예를 들면, 여러분이 게임을 좋아할 때 운동을 좋아하는 친구 또는 여러분과 다른 언어를 쓰는 친구를 말이에요. **다음 크레파스 밑그림 위에 여러분이 그 친구들에게 고맙게 여기는 것에 대해 그려 보고, 크레파스를 원하는 색깔로 색칠해 보세요!**

너는 어때?

친절의 영역에 여러분과 결이 다른 사람을 포함하는 것이 중요하다는 사실을 배웠으니, 이제 스스로에게 친절을 베푸는 재미있는 방법을 연습해 보아요!

자기 자신을 친절히 대할 때 어땠는지 떠올리는 것으로 시작해 보아요.

여러분이 스스로에게 베푼 친절 세 가지는 무엇인가요?

1. ______________________

2. ______________________

3. ______________________

수수께끼 단서

수수께끼를 풀며 여러분 스스로 마음을 풍요롭게 만들어 보아요! 숫자 해독기를 이용해 질문에 답하세요.

수수께끼: 매우 값어치 있지만 공짜인 것은?

사	___	___	___	___
3-1	2-4	3-4	1-4	4-2

해독기를 사용하는 방법

- **1단계:** 위의 첫 번째 빈칸 아래에 있는 두 개의 숫자(3-1)를 찾아보세요.
- **2단계:** 그중 첫 번째 숫자(3)를 아래 격자판 왼쪽에서 찾아보세요.
- **3단계:** 두 번째 숫자(1)를 격자판 위쪽에서 찾아보세요.
- **4단계:** 두 개의 숫자가 만나는 중간 지점에 위치한 글자를 찾아보세요.
- **5단계:** 그럼, 첫 번째 빈칸의 글자가 채워졌네요! 이제 여러분이 해독기를 이용하여 빈칸의 다른 글자들을 찾고 정답을 적어 보세요.

	1	2	3	4	5
1	기	심	김	친	자
2	호	챙	의	랑	주
3	사	음	돌	과	연
4	력	절	흡	결	호
5	민	마	봄	연	기

정답: 사랑과 친절

친절한 소원 나무

친절한 말들은 여러분이 스스로에게 좋은 친구가 되어 주는 데 도움이 될 거예요. 여러분이 듣고 싶은 친절한 말들을 알아 두는 것은 필요한 순간에 여러분의 용기와 힘을 찾는 데 큰 도움이 될 거예요.

친절한 말들을 스스로를 위한 좋은 소원으로 바꾸는 간단한 방법이 있어요. 다음의 '나를 위한 친절한 소원 나무' 목록에서 원하는 만큼의 소원을 선택하거나 자신만의 소원을 적어 보세요. **'내가 매일 듣고 싶은 말은 무엇일까?'**라고 스스로에게 질문하는 것으로 시작해 보세요.

나를 위한 친절한 소원 나무

"내 마음이 평온하기를."
"내가 행복하기를."
"나에게 용기가 가득하기를."
"내가 누군가와 함께하기를."
"내가 강인하고 단단한 사람이 되기를."
"내가 안전하기를."
"내가 누군가에게 좋은 친구가 되어 주기를."
"나를 있는 그대로 수용하기를."
"나를 있는 그대로 사랑하기를."

여러분의 소원을 나무에 걸어 보세요. 여러분이 하는 모든 말은 자기 자신을 위한 소원들이고, 여러분 스스로가 가장 먼저 듣는다는 사실을 기억하며 지혜롭게 선택하기를 바라요.

활동 29 '나를 위한 친절한 소원들' 명상

여러분 자신을 위한 친절한 소원들을 큰 소리로 읊어 보는 명상을 해 보아요. 이것은 긍정적인 습관을 들이는 좋은 방법이랍니다. 기분이 상했을 때 그 말들이 어떻게 여러분을 달래 주는지 느껴 보아요.

1. 눈을 감고 편안한 자세를 취하세요. 필요하다면 심장 또는 편안함을 느끼는 곳에 손을 얹어도 좋아요.

2. 이제 호흡하며 숨이 코를 통해 들어와, 가슴을 지나 배로 향했다가, 다시 밖으로 나가는 것을 느껴 보세요.

3. 손을 심장 위에 얹어 두었다면, 손과 심장과 호흡이 함께 움직이는 것을 느껴 보세요.

4. 이제 여러분 스스로에게 질문해 보세요. '**내가 기분이 상하거나 힘든 시간을 보낼 때, 어떤 말들이 나에게 도움이 될까?**' 어쩌면 이미 듣고 싶은 말이 무엇인지 알고 있는지도 몰라요. 혹은 여러분의 엄마, 아빠나 할머니, 할아버지로부터 들은 말들을 떠올릴 수도 있어요. 이러한 친절의 말들은 오직 여러분 자신만을 위한 것이에요. 오로지 자신의 것으로 만들고 마음속 깊이 간직하세요(예: **내 안의 강함을 믿기를. 용기를 가질 수 있기를. 편안하고 고요한 마음으로 살아가기를**).

5. 그 말들을 스스로에게 천천히 두 번 정도를 속삭여 주고 마음속 깊이 간직하세요.

6. 이제 편안한 마음으로 호흡에 주의를 기울여 보아요.

7. 스스로를 위해 좋은 소원을 건네주는 기쁨을 충분히 느껴 보세요.

여러분이 원한다면 이 친절의 말들을 가장 필요로 하는 순간이 언제인지 생각해 보고 빈칸에 적어 보세요.

1. ____

2. ____

3. ____

4. ____

5. ____

소원의 숲 거닐기

자연 속 식물과 동물에게 좋은 소원을 기원하는 것도 여러분의 친절한 마음과 용기를 기르는 좋은 방법이에요. 여러분이 사는 동네도 좋고, 숲이나 바다 또는 등산로를 부모님 혹은 어른의 허락을 받은 후에 잠시 걸어 보세요. 산책하면서 풍경과 소리에 주의를 기울여 보세요.

흥미로운 동물이나 식물 또는 나무를 발견하면, 잠시 멈추어 서서 그것에 온전히 집중해 보세요. 여러분이 매서운 매의 눈을 가졌다면, 사슴처럼 예민한 청각을 가졌다면 어땠을지 상상해 보면서요.

여러분이 발견하는 것들에 친절한 소원을 보내 주세요. 모든 식물을 포함한 생명이 있는 존재는 친절을 필요로 해요. 여러분은 이렇게 이야기해 줄 수 있을 거예요. “너희가 오래오래 건강하게 살기를 바라.”

어쩌면 자연이 주는 모든 것들에 감사의 마음을 갖게 될 수도 있을 거예요. 예를 들면, 나무는 푸른 잎을 지붕 삼아 우리에게 그늘을 제공하고, 우리가 호흡하는 공기를 맑게 해 준답니다.

여러분이 원한다면 산책하면서 발견한 깃털이나 낙엽 같은 것들을 집으로 가져와 워크북에 붙이거나, 그림을 그려도 좋아요.

다음 페이지의 빈 공간에 여러분이 산책하면서 발견한 것들에 대해 그림을 그리거나 가져온 것을 붙이고, 여러분이 자연에게 보낸 친절의 소원을 써 보세요.

코브라 자세

운동은 자기 스스로를 돌보는 하나의 방법이에요. 허리를 강하게 하고 용기 있는 마음을 활짝 열어 주는 요가 동작을 한 가지 알려 주려고 해요. 스트레스를 받을 때 도움이 될 수 있고, 몸과 마음, 정신을 돌보는 아주 좋은 방법이랍니다.

1. 우선, 엎드려 누워서 배를 바닥에 대고, 다리를 일자로 쭉 펴고, 발등이 바닥을 향하도록 해 주세요(요가 매트를 사용해도 좋아요).

2. 손은 어깨 옆에서 나란히 바닥을 짚은 상태로 양 손가락을 넓게 벌리세요.

3. 손에 힘을 주면서 바닥을 밀어내고 팔을 쭉 펴세요. 등 근육을 사용하여 가슴을 들어 올리세요.

4. 다리와 발을 바닥으로 더 누르고, 하늘을 바라보면서 상체를 앞으로 길게 늘려 주세요. 마치 코브라처럼요.

5. 그 자세에서 두 번에서 네 번 정도 심호흡을 한 후, 처음에 엎드려 누운 자세로 돌아와 한쪽 뺨을 바닥에 대고 휴식을 취하세요.

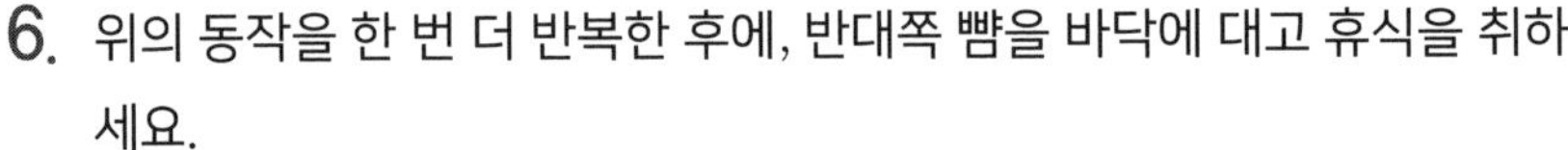

6. 위의 동작을 한 번 더 반복한 후에, 반대쪽 뺨을 바닥에 대고 휴식을 취하세요.

잠시 시간을 갖고, 여러분이 코브라처럼 자세를 취하고 몸을 길게 늘어뜨려서 더 강하게 만들 수 있다는 사실에 감사의 마음을 느껴 보세요!

나만의 도구상자 만들기

이제 여러분은 자기 자신과, 다른 사람들과, 세상의 모든 살아 있는 것들에게 친절을 베풀기 위해 필요한 도구들을 많이 갖추었답니다.

3장에서 배운 활동 중 다시 시도해 보고 싶은 것에 체크하세요.

____ 친절의 씨앗 뿌리기

____ 친절 미로 찾기

____ 친절의 바람개비를 불어요

____ 소중한 사람을 향한 사랑과 친절

____ 친절은 어떻게 생겼나요?

____ 누가 내 크레파스 안에 있지?

____ 너는 어때?

____ 수수께끼 단서

____ 친절한 소원 나무

____ '나를 위한 친절한 소원들' 명상

____ 소원의 숲 거닐기

____ 코브라 자세

나눔은 곧 돌봄

친절에 관한 활동이나 의견을 친구와 나누고 싶은 것이 있나요? 친구의 이름을 적고 어떤 활동이나 의견을 나누고 싶은지 적어 보세요.

친구 이름: ____

친구와 무엇을 나누고 싶나요? ____

____

____

예고편

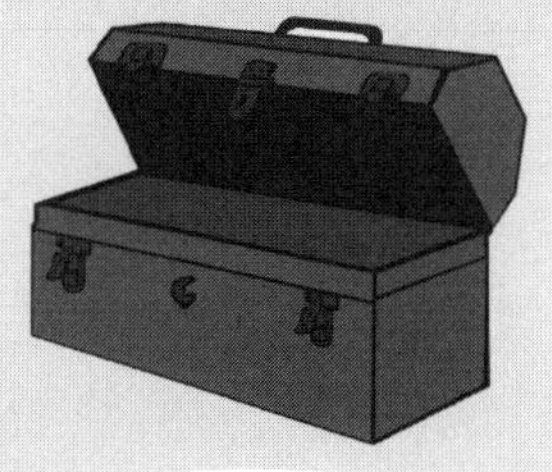

다음 장에서는 연민을 통해 어떻게 여러분이 위로를 받고, 다른 사람들에게 도움이 되고 건강한 방식으로 연결될 수 있는지 발견하게 될 거예요. 평생에 걸쳐 도움이 되는 초능력이랍니다!

CHAPTER 4

연민은 나의 초능력

혹시 여러분 주변에 몸이 아프거나 마음의 상처를 받은 친구가 있나요? 친구가 힘든 시간을 보내고 있을 때 어떻게 도움을 줘야 하는지 알기는 쉽지 않을 거예요. 하지만 그럴 때 여러분에게 힘이 되어 줄 초능력이 여러분 안에 있답니다. 이 초능력을 '연민'이라고 하는데, 여러분이 다른 사람들에 대해 마음을 쓰고 있다는 것을 보여 주는 좋은 방법이에요. 연민은 다른 사람들에게 좋은 친구가 되어 주는 하나의 방법이랍니다. 자기 자신과 다른 사람들을 돌보는 이 초능력을 잘 사용한다면, 세상은 더 아름다워질 거예요!

연민의 중요한 첫걸음은 다른 사람들의 어려움을 알아차리는 거예요. 다른 누군가가 느끼는 감정을 파악하면 그들이 겪고 있는 어려움을 알아차릴 수 있을 거예요. 여러분은 감정에 '전염성'이 있다는 사실을 알고 있나요? 여러분의 뇌는 다른 사람들의 감정을 파악하는 방법을 아주 잘 알고 있어요. 이것을 '공감'이라고 하는데, 4장에서는 여러분 스스로 공감을 활용하는 기회를 갖게 될 거예요. 뇌 세포들은 아주 예민해서 공감을 유발하고 다른 사람들의 관점에서 생각할 수 있도록 도와줘요. 공감 능력이 좋을수록, 여러분의 뇌는 연민이라는 초능력을 더 빠르게 키울 수 있답니다!

연민에는 두 가지의 영역이 있어요. 연민의 부드러운 면은 여러분도 이미 알고 있을 거예요. 1장에서 배운 것처럼 연민은 사랑이 많고, 친절하고, 온화한 면을 가지고 있답니다. 연민의 다른 면은 필요한 순간에 여러분이 강인하고 용감하게 되도록 도움을 준답니다(Neff, 2021). 4장에서는 필요한 순간에 여러분에게 동기부여가 되고 스스로를 보호할 수 있게 해 주는 연민의 강인한 면에 대해 탐구할 거예요.

다른 사람의 감정을 어떻게 아나요?

공감은 여러분이 다른 사람들의 감정을 느낄 수 있게 도와주는 뇌의 특별한 능력이랍니다. 예를 들어, 여러분의 친구가 상처 받았거나 실망을 했을 때, 여러분이 스스로 인지하지 못하는 순간에도, 여러분은 친구의 실망감을 느끼고 있답니다. 공감은 다른 사람의 입장에 서서 그들의 관점으로 생각하고 느끼는 것과 같아요.

이런 일이 어떻게 가능할까요? 우리의 뇌에는 다른 사람들의 감정을 우리에게 반사시켜 주는 특별한 세포들이 있어요. 마치 거울 속 자신의 모습이 반사되는 것처럼 말이에요. 거울 역할을 하는 이 신경세포들은 다른 사람들의 감정을 여러분이 똑같이 느끼도록 해 준답니다. 이뿐만 아니라 다른 사람의 행동을 따라 하도록 유도하기도 해요. 떠올려 보면, 다른 사람이 하품을 할 때 여러분도 같이 하품을 하게 된 적이 있을 거예요. 그렇죠?

다음의 단어 퍼즐을 맞춰 보세요.

이 워크북 페이지를 거울 앞에 비춰 보세요.
아래의 글자를 거울에 비추어 읽어 보세요.
거울에 비친 글자를 아래의 빈칸에 적어 보세요.

공감의 놀라운 힘

다음의 7행시를 읽고, 공감이 어떻게 세상을 더 나은 곳으로 만드는 데 도움이 되는지 알아보세요!

른 사람의 기분을 느껴 봐요.

구가 되어요.

른 사람의 입장이 되어 봐요.

군가에게 상처를 입혔다면, 사과해요.

사가 필요할 때, 고마움을 전해요.

픈 사람을 도와줘요.

잘재잘 (함께 대화를 나눠요.)

공감과 관련된 첫 글자에 색칠하고 7행시 안의 내용 중 여러분에게 크게 도움이 될 만한 것들에 동그라미 치세요.

구름 관찰

여러분은 구름을 관찰해 본 적이 있나요? 구름을 관찰하는 것은 여러분의 상상력을 활용하는 놀라운 방법이랍니다! 특히 흐린 날에 구름이 빠르게 움직이고 다양한 모양을 만들 때면 훨씬 더 재미있지요. 친구와 함께 구름을 관찰하는 것은 다른 사람의 관점에서 사물을 바라보는 연습이 될 수 있답니다.

이 활동은 친구와 함께 해 보세요.

1. 잔디밭에 눕거나, 혹시 날이 춥다면 집 안 바닥에 누워도 좋아요. 다만, 흘러가는 구름을 잘 관찰할 수 있도록 하늘이 보이는 시야를 확보하세요.

2. 구름이 흘러가는 것을 관찰하면서, 친구와 차례대로 구름의 모양이 어떻게 보이는지 이야기를 나눠 보세요.

3. 한 명이 구름의 모양이 어떻게 보이는지 이야기하면, 다른 한 명도 같은 구름을 보려고 노력해 보는 거예요. 필요하면 손으로 구름을 가리키면서 대화해 보세요.

4. 계속해서 구름의 모양이 변할 때마다 어떤 새로운 형태를 만들어 내는지 관찰해 보세요.

여러분이 구름 관찰을 마친 후에 다음 페이지의 빈 공간을 활용해 여러분과 친구가 구름을 관찰하면서 발견한 모양들을 그려 보세요.

다른 사람의 마음에 들어가 보기

공감에 대해 배웠으니, 이제 여러분은 연민의 초능력을 더 키워 갈 준비가 되었을 거예요.

공감은 다른 사람의 관점에서 생각하고 느끼는 것이에요.

연민은 여러분이 다른 사람들에 대해 마음을 쓰고 있다는 것을 보여 주는 방법이에요. 이 초능력을 사용해 다른 사람들을 돌볼 때, 세상은 더 아름다워진답니다!

다음 페이지의 하트 모양 안에 여러분이 특별히 돌봐 주고 싶은사람의 이름을 써 보세요. 하트 모양을 색칠하면서 그 사람에게 여러분의 따스한 마음과 친절한 소원을 보내 주세요.

연민 동그라미 키우기

연민 동그라미는 여러분이 소중히 여기는 사람들을 여러분의 마음속으로 데려오는 하나의 방법이에요. 이 활동을 통해 여러분에게 소중한 모든 사람들의 이름을 적어 보는 기회를 가져 보세요. 여러분의 가족, 친구 또는 먼 곳에서 살아가는 사람들을 떠올려 보세요.

연민은 세상의 모든 사람들을 도울 수 있어요. 생김새나 언어가 다를지라도, 모든 어린이들은 비슷한 소망을 품고 살아가고 있어요. 모든 어린이에게 공통점이 있다는 사실을 기억한다면 그들을 여러분의 연민 동그라미에 넣기 더 쉬울 거예요.

이제 여러분만의 연민 동그라미를 만들어 볼 시간이에요.

세 개의 동그라미 안에……

1. 가장 안쪽 작은 동그라미에 여러분과 가장 친밀한 사람들을 그려 보세요.

2. 중간에 위치한 동그라미에 여러분이 소중히 여기지만 조금은 덜 친한 사람들을 그려 보세요. 자연이나 동물을 그려도 좋아요.

3. 가장 큰 바깥쪽에 위치한 동그라미에 여러분이 알고 있는 다른 문화나 나라에서 살아가는 사람들을 그려 보세요.

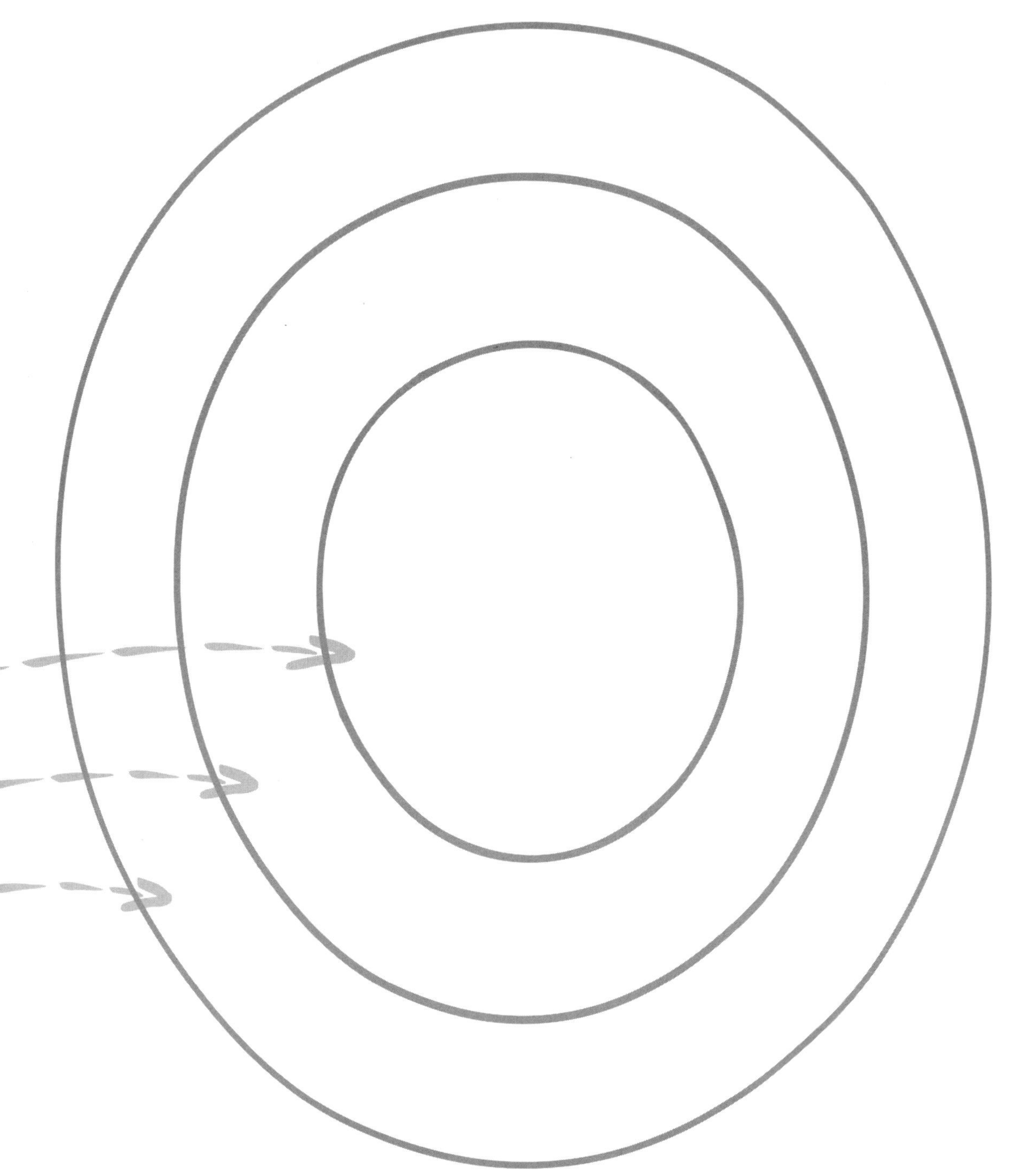

'나와 같은 어린이' 명상

이번 명상을 통해 여러분은 이 세상의 모든 어린이들에게는 공통점이 있고 비슷한 소망을 품고 살아간다는 것을 확인할 수 있을 거예요. 비록 생김새가 다르고 먼 곳에 산다고 하더라도 말이지요. 이 기회를 통해 여러분의 연민 동그라미에 그들을 포함하는 데 도움이 될 거예요.

편안한 자세로 누워서 눈을 감아 보세요. 호흡하며 마음을 가라앉히고, 여러분의 친구 또는 알고 지내는 다른 어린이를 떠올려 보세요. 그리고 그 아이에 대해 다음과 같은 몇 가지 말을 마음 속으로 들려주세요.

그 아이는 나와 같은 …… 사람이야.

그 아이는 나와 같이 …… 감정과 생각이 있어.

그 아이는 나와 같이 …… 상처받고, 화나고, 슬프고, 실망한 경험이 있어.

그 아이는 나와 같이 …… 친구를 만들고 행복해지고 싶어 해.

그 아이는 나와 같이 안전하고, 건강하고, 사랑받기를 원해.

눈을 뜨고, 이 명상을 하면서 어떤 기분이 들었는지 또는 몸과 마음에서 어떤 일이 일어났는지 적어 보세요.

이제 다시 눈을 감고 그 아이를 위해 마음속으로 소원의 말을 건네 주세요.

'나는 그 아이가 용기 있고 강한 사람이었기를 바라.'

'나는 그 아이가 가족과 친구들에게 아주 소중한 사람이라는 걸 알기를 바라.'

'나는 그 아이가 자기 자신을 온전히 믿기를 바라.'

'나는 그 아이도 나와 같이 행복할 자격이 있으니 충분히 행복해지기를 바라.'

준비가 되었다면 부드럽게 눈을 떠 보세요. **그 친구에게 가장 전해 주고 싶은 소원을 하트 모양 안에 적어 보세요.**

만약 우리가 매일 다른 사람들을 위해 소원을 빌어 준다면 도움이 될 거라고 생각이 드나요?

활동 38

짝과 함께하는 보트 자세

이미 알고 있겠지만, 보트는 물 위에서 균형을 잡아야 뒤집히지 않아요. 이 활동에서 여러분은 보트처럼 균형을 잡는 연습을 할 거예요. 여러분의 근육을 강화하고, 또한 다른 사람들과의 연결을 더욱 강화하는 흥미로운 방법이랍니다. 균형을 잡는 데 어떤 근육이 필요한지 살펴보세요(힌트: 여러분이 책상에서 바른 자세로 앉아 있도록 도와주는 근육이에요).

이 활동을 함께할 파트너를 찾아보세요.

1. 발은 바닥에, 무릎은 구부린 상태로 짝과 마주보고 앉아 주세요.
2. 손은 골반 뒤쪽으로 보내어 바닥을 짚고, 여러분과 짝의 발바닥을 붙여 주세요.
3. 이제 서로의 발바닥을 살짝 힘주어 밀어내면서 다리를 바닥에서 위로 들어 올리세요.
4. 처음에는 손을 사용해서 다리가 넘어지지 않게 해 보세요. 그리고 무릎을 구부린 채로, 짝의 손을 잡아 보세요.

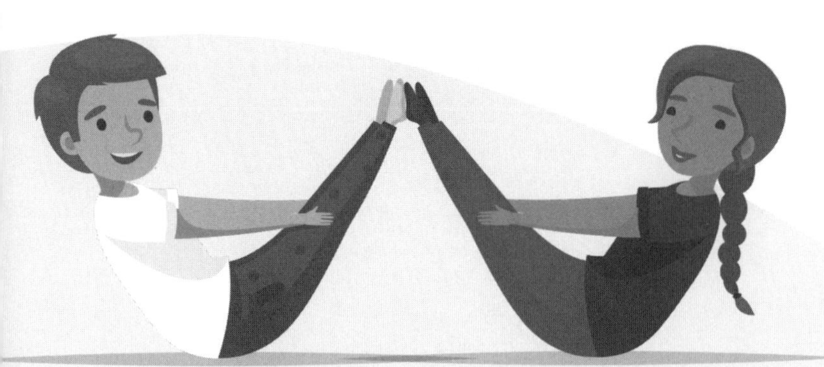

5. 서로의 손을 잡은 상태에서 허리를 뒤로 기대면서 가슴을 펴세요. 서로의 발바닥을 밀어내면서 그림과 같이 다리를 쭉 펴서 위로 들어 올리세요.

6. 여러분의 보트가 시냇물을 따라 떠내려 간다고 상상하며, 발바닥에 힘을 주고 다리를 더 쭉 펴 보세요.

7. 지금 이 자세를 하면서 어떤 근육을 사용하고 있는지 살펴보세요.

8. 이제 다시 무릎을 굽히고 발을 바닥에 둔 채 짝의 손을 놓아 주세요.

9. 이 보트 자세를 한 번에서 두 번 정도 더 하면서 자세가 점차 수월해지는지 보세요!

10. 허리를 대고 바닥에 누워 휴식을 취하세요. 여러분은 휴식을 취할 자격이 있어요!

혼자서 보트 자세로 균형을 잡는 연습을 하려면 이렇게 시도해 보세요.

1. 바닥에 앉아 다리를 쭉 뻗고 손은 골반 뒤쪽으로 보내어 바닥을 짚어 주세요.

2. 무릎을 구부린 채 발을 바닥에서 들어 올리고, 양팔을 앞으로 나란히 내밀어 주면서 손바닥이 서로를 마주볼 수 있게 해 주세요.

3. 준비가 되었다면, 다리를 쭉 펴세요. (혼자서 하는 자세가 아직 어렵다면 벽에 다리를 올리고 쭉 펴도 좋아요.)

4. 그리고 천천히, 한번에 하나씩, 팔을 다리에 붙이고 가슴을 쭉 펴세요.

보트 자세를 더 쉽게 만들어 준다고 느낀 신체 부위를 찾아 동그라미 치세요.

- 배
- 허리
- 팔
- 얼굴
- 발가락
- 손가락
- 머리
- 가슴
- 폐
- 다리
- 발
- 코

가끔은 이런 어려운 동작을 하면서 몸과 마음을 편안하게 할 필요가 있어요. 여러분이 포기하지 않았으면 좋겠어요. …… 균형을 잡는 것은 살아가면서 매우 중요한 일이랍니다!

연민은 연결을 만들어요

누군가 힘든 시간을 보내고 있을 때 곁에 있어 주는 것만으로도 그들과의 연결감을 끈끈하게 하고 그들의 기분이 나아지게 해 준답니다!

연민 팔찌를 만들어서 여러분 자신이 착용해도 좋고, 혹은 여러분이 소중하게 생각하거나 여러분을 소중하게 여기는 누군가에게 선물해 보아도 좋아요.

준비물: 오래된 티셔츠에서 잘라낸 길이 30cm, 너비 1.5cm짜리 조각을 3개 준비해 주세요. 옷을 자르기에 적합한 가위와 옷 조각들을 한데 고정시킬 수 있는 클립을 준비해 주세요.

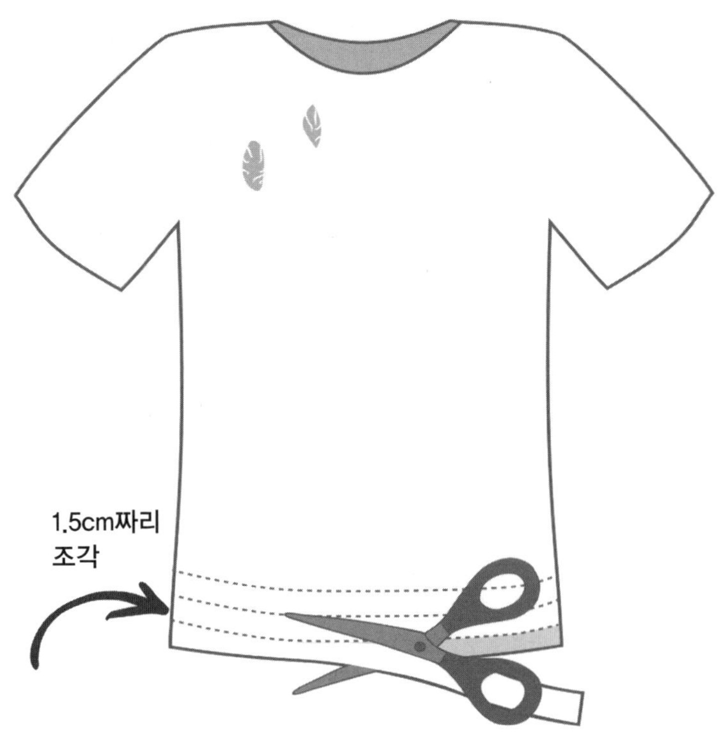

옷 조각을 자를 때는 부모님 또는 다른 어른들에게 도움을 요청하는 것이 좋아요.

〈활동 방법〉

1. 옷 조각들을 모아서 가장 끝 부분에 매듭을 묶어 주세요.

2. 클립에 매듭을 고정시켜 주세요.

3. 세 가닥을 잘 땋아 주세요. 시작하기에 앞서 세 조각을 잘 분리시켜 주세요. 왼쪽의 조각을 가운데 조각 위로 옮겨 주세요. 그 후에 오른쪽 조각을 가운데 조각 위로 옮겨 주세요. 왼쪽과 오른쪽을 번갈아 가며 가운데 조각 위로 가져오면 돼요.

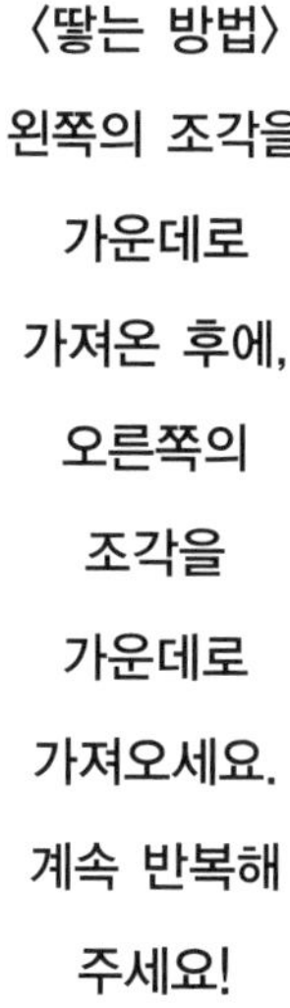

마지막까지 땋았다면, 매듭을 고정시키던 클립을 풀고 팔찌의 반대쪽 끝을 매듭 속으로 통과시켜 고정시킨 후에 여러분의 팔목에 맞게 길이를 조절하세요.

4. 매듭 속으로 통과시킨 팔찌의 반대쪽 끝을 한 번 더 묶어 준 후에 자투리 천은 잘라 주세요.

팔찌를 만들면서 하나의 조각보다 여러 조각을 엮어 주는 것이 더 강하고 단단하다는 것을 알아차렸나요? 이 팔찌는 연민이 여러분과 다른 사람들 사이의 연결감을 더욱 강하게 만들어 준다는 사실을 기억나게 해 줄 거예요.

심장과 심장 호흡

친구 또는 여러분이 소중히 여기는 누군가와 함께하는 심장 호흡은 그들에 대해 더욱 잘 알아가는 방법이에요. 짝과 함께 앉아 호흡하며 어떤 기분이 드는지 살펴보세요. 짝을 위해 소원을 빌어 주고 싶은 마음이 든다면, 숨을 내쉬면서 다정한 마음을 내보내 보는 거예요. 여러분 자신에게도 친절한 소원이 필요하다는 생각이 들면 스스로를 위해서도 그렇게 해 보세요. 들숨과 함께 자신을 위한 소원을 들이쉬고, 날숨과 함께 상대를 위한 소원을 내쉬면서 말이에요.

1. 짝과 등을 마주한 다음, 책상 다리를 하거나 무릎을 구부린 채로 앉아 보세요.

2. 한 손은 배 위에, 한 손은 가슴 위에 두세요. 깊이 호흡하며 숨을 들이쉬고 내쉬어 보세요.

3. 호흡을 할 때마다 여러분의 가슴과 배가 부풀어 올랐다가 다시 가라앉는 것을 느껴 보세요.

4. 두 번 정도 호흡을 더 한 후에 잠시 멈추세요.

5. 이제 호흡을 계속하면서 여러분 짝의 호흡이 느껴지는지 집중해 보세요. 짝의 호흡이 느껴지나요? 짝이 호흡하는 소리가 들리나요? 호흡하면서 짝의 등이 수축과 팽창을 반복하는 것이 느껴지나요?

6. 이제 여러분의 짝과 호흡을 맞춰서 동시에 호흡해 보세요. 그리고 잠시 멈추세요.

7. 호흡을 계속하면서 들숨과 함께 스스로를 위한 친절과 연민을 들이쉬고, 날숨과 함께 짝을 위한 친절과 연민을 내쉬어 보세요. 그리고 잠시 멈추어 보세요.

8. 함께 호흡하는 것과 서로를 위해 호흡하는 것이 어떤 느낌인지 있는 그대로 느껴 보세요.

9. 이제 눈을 뜨고, 짝과 하이파이브를 해 보세요!

등을 마주하고 앉아서 누군가와 함께 호흡하는 것은 어떤 느낌이었나요?

이제 호흡을 마치면서 어떤 기분이 들었는지 다음의 보기에서 찾아 동그라미 치세요.

행복 휴식 유대감
따스함 신나는

또는 여러분만의 언어로 기분을 표현해 보세요.

부드러운 연민 VS 강인한 연민

이전 활동에서 여러분은 자기 자신과 다른 사람들에 대해 보다 온유하고 관용적인 태도를 갖도록 돕는 **부드러운 연민**을 경험할 기회가 있었을 거예요. 하지만 연민에는 그와는 또 다른 모습이 있답니다. 이 다른 모습의 연민은 여러분에게 해로운 것은 거절하고 더욱 단단한 사람이 되어 가도록 도와줘요. 또한 필요한 순간에 자기 자신 또는 타인의 행복을 위해 나설 줄 아는 용기도 심어 주지요. 이것을 바로 **강인한 연민**이라고 불러요. 그것은 마치 여러분의 마음속에 강인한 엄마 곰이 살고 있는 것과 같답니다(Neff, 2021).

아래에 있는 두 마리의 곰을 한번 보세요. 한 마리는 부드러운 표정을, 다른 한 마리는 강인한 표정을 짓고 있어요. **다음의 보기에 있는 연민에 대한 예시를 읽어 보고, 각자 어울리는 곰에 선을 연결해 주세요.**

- 나 자신 또는 친구를 꼭 안아 주기
- 자신 또는 다른 사람들에게 해로운 것은 거절하기
- 괴롭힘당하는 친구를 위해 나서기
- 나 자신 또는 다른 사람들을 친절한 말로 격려하기
- 편안하게 호흡하면서 마음을 가라앉히기
- 환경을 보호하기 위해 나서고, 행동을 취하기

용감한 마음을 위한 단서

아래의 암호해독기를 사용하여 4장의 마지막 메시지를 찾아보세요. 정답은 이 페이지의 맨 아래에 있어요.

암호해독기:

ㄱ	ㄴ	ㄷ	ㄹ	ㅁ	ㅂ	ㅅ	ㅇ	ㅈ	ㅊ	ㅋ	ㅌ	ㅍ	ㅎ
1	2	3	4	5	6	7	8	9	10	11	12	13	14

ㅏ	ㅑ	ㅓ	ㅕ	ㅗ	ㅛ	ㅜ	ㅠ	ㅡ	ㅣ	ㅔ	ㅐ	ㅖ	ㅢ
15	16	17	18	19	20	21	22	23	24	25	26	27	28

여러분을 위한 메시지:

____ ____ ____   ____ ____
8–18–2 5–24–2 8–23–2   2–15 8–28

____ ____ ____ ____ ____ ____
10–19 2–23–8 4–18–1 8–24 8–25 8–20

정답: 연민은 나의 초능력이에요

나만의 도구상자 만들기

이제 여러분은 연민 근육을 키워서 다른 사람들을 돌보기 위한 초능력으로 삼는 방법에 대해 배웠을 거예요.

4장에서 배운 활동 중 다시 시도해 보고 싶은 것에 체크하세요.

____ 다른 사람의 감정을 어떻게 아나요?
____ 공감의 놀라운 힘
____ 구름 관찰
____ 다른 사람의 마음에 들어가 보기
____ 연민 동그라미 키우기
____ '나와 같은 어린이' 명상
____ 짝과 함께하는 보트 자세
____ 연민은 연결을 만들어요
____ 심장과 심장 호흡
____ 부드러운 연민 VS 강인한 연민
____ 용감한 마음을 위한 단서

나눔은 곧 돌봄

연민에 관한 활동이나 의견을 친구와 나누고 싶은 것이 있나요? 친구의 이름을 적고 어떤 활동이나 의견을 나누고 싶은지 적어 보세요.

친구 이름: ______________________________

친구와 무엇을 나누고 싶나요? ______________________________

____

____

예고편

이제 여러분의 영웅을 만날 시간이에요. 다음 장에서는 여러분은 자신에 대해 중요한 두 가지를 보게 될 거예요. 바로 여러분의 내면에 살고 있는 악당과 영웅 말이에요. 여러분의 영웅은 여러분을 보호할 강한 힘이 있답니다!

내 안의 악당이 나의 영웅과 만난다면

여러분은 스스로에게 친절을 베푸는 방법에 대해 배웠어요. 이제 어떻게 하면 친절과 연민을 여러분 안의 악당을 다루는 초능력으로 사용할 수 있는지 알아볼 준비가 되었나요? 5장에서는 자기 자신에 대해 두 가지를 배우게 될 거예요. 여러분의 강인한 영웅과 내면의 악당에 대해서 말이에요. 내면의 악당은 일이 잘못되었을 때 여러분이 창피함이나 슬픔을 느끼게 만든답니다. 내면의 악당에 대해 알고 나면, 그것을 어떻게 다스릴 수 있는지 배울 수 있을 거예요. 이것은 여러분이 스스로에게 좋은 친구가 되어 주는 또 다른 방법이기도 해요!

내면의 악당 알아보기

내면의 악당은 의도는 좋지만 항상 최선의 방법은 알지 못해요. 여러분이 해야 할 일을 하지 않을 때, 내면의 악당은 아마 이렇게 이야기할지 몰라요.

도헌이의 생각: 이런, 숙제가 너무 많아서 아무것도 하고 싶지 않아.

도헌이의 내면의 악당이 하는 말: 게으른 소리 하지 마. 숙제를 안 하면 혼나고 말 거야.

이번 활동에서는 여러분의 내면의 악당이 어떤 말을 할지 알아보는 시간을 갖게 될 거예요!

여러분의 내면의 악당이 나타날 만한 상황에 동그라미 치세요.

- 성적이 좋지 않을 때
- 친구와 다퉜을 때
- 집안일을 하지 않았을 때
- 실수했을 때

혹은 여러분이 떠올린 다른 상황을 적어 보세요.

____

____

앞에 나열한 예시처럼 일이 잘못되어 속이 상했을 때 여러분의 내면의 악당은 뭐라고 얘기했을 것 같나요? 내면의 악당이 했을 법한 말들을 예로 들어 볼게요.

- 네가 다 망쳐 놓았어.
- 아무도 널 좋아하지 않아.
- 네가 더 노력을 했어야지.
- 이래서 너에게 문제가 생긴 거야!

최근에 여러분이 속상한 일이 있을 때 내면의 악당이 뭐라고 말했는지 말 풍선 안에 적어 보세요.

내면의 악당을 생각 밖으로 쫓아내기

이제 여러분의 내면의 악당이 어떻게 생겼을지 상상하며 그림으로 그려 보세요. 연필, 펜, 크레파스, 또는 원하는 미술 도구를 사용하여 그려 보세요. 내면의 악당을 사람, 동물, 혹은 만화 캐릭터를 떠올리며 그려도 좋아요. 여러분의 그림은 내면의 악당이 여러분에게 얼마나 크고 강하게 비춰지는지 여실히 보여 줄 거예요. 이 과정을 통해 여러분 안의 친절하고 지지적인 면을 위해 마음속에 자리를 마련할 수 있게 될 거예요.

여러분의 내면의 악당을 다음 빈칸에 그려 보세요.

세 번의 편안한 호흡

이제 여러분의 내면의 악당이 어떻게 생겼고 어떤 말들을 하는지 알아보았으니, 간단한 호흡명상을 해 보며 내면의 악당을 떠나보내는 시간을 가져 보아요. 이번 명상은 아주 간단하게 호흡을 들이마시고 내쉬는 거예요. 호흡에 집중하면서 스트레스를 일으키는 뇌의 한 부분을 잠잠하게 함으로써 여러분의 몸과 내면의 악당을 차분히 가라앉힐 수 있게 될 거예요.

1. 가만히 앉아 눈을 감아 보세요. 만약 눈을 뜨는 게 편하다면 시선은 무릎을 향해 두세요.
2. 호흡이 들어오고 나갈 때 배가 부풀어 올랐다 가라앉는 것에 집중해 보세요.
3. 호흡을 하는 동안 여러분의 마음속 강아지가 돌아다니고 있다는 것을 알아차린다면, 그저 다시 주의를 호흡으로 가져가 보세요.
4. 이제 숫자를 세면서 세 번을 연달아 크게 호흡해 보세요.
5. 호흡을 마친 후 천천히 눈을 뜨세요.

세 번의 호흡을 한 후에 기분이 어떻게 달라졌나요? 편안히 호흡하는 것은 내면의 악당이 여러분을 힘들게 하거나 꼭 필요한 순간에 여러분이 스스로에게 친절을 베푸는 방법이 될 수 있어요.

여러분은 언제 어디서든 호흡할 수 있다는 사실을 기억하세요.

활동 46 새로운 시각

내면의 악당을 다스리는 법을 배우면, 여러분의 영웅과 훨씬 더 쉽게 친해질 거예요. 여러분의 영웅은 여러분이 새로운 시각으로 모든 것을 바라볼 수 있도록 도와줄 거예요.

새로운 시각으로 사물을 볼 수 있게 돕는 활동을 다음의 보기에서 선택하고 시간을 들여 활동을 해 보세요.

- 돋보기를 사용하여 여러분이 매일 보는 사물을 살펴보세요. 예를 들면, 풀잎, 벌레, 연필, 휴지, 양말 등이 있을 거예요. 어떤 것들이 보이나요? 돋보기를 통해 바라보는 사물은 평소와 어떻게 다른가요?
- 바닥에 누워 하늘을 바라보세요. 이 자세에서 바라보면 여러분의 시야가 어떻게 달라지나요?
- 침대 위에 누워서 머리를 아래로 살짝 늘어뜨려 보세요. 사물을 거꾸로 바라보았을 때 무엇이 보이나요?
- 배를 바닥에 대고 누워서 여러분이 지렁이가 되었다고 상상해 보세요. 무엇이 보이나요?
- 눈을 감아 보세요. 눈을 떴을 때, 전에는 보지 못했던 네 가지를 찾아보세요. 실내와 실외에서 각각 시도해 보세요.

어떤 것들이 새롭게 보이나요? 여러분이 보고 놀라거나 흥미를 갖게 된 것에 대해 설명해 보아요.

새로운 시각을 위한 뷰파인더*

새로운 시각으로 사물을 바라보는 활동을 하나 더 소개할게요.

준비물: 12×17cm 우편 봉투, 가위, 컬러 셀로판, 사인펜, 스티커 또는 우편 봉투를 장식할 만한 것

〈활동 방법〉

1. 봉투 한가운데에 엄지와 검지 손가락을 붙여 놓은 정도의 크기로 동그라미를 그려 보세요. 조금 더 크더라도 괜찮아요.

2. 여러분이 그린 동그라미의 중심부를 기점으로 봉투를 반으로 접고, 접힌 상태의 동그라미 안에 가위로 살짝 칼집을 내주세요. 가위를 사용할 때는 부모님 또는 다른 어른에게 도움을 요청하세요. 봉투를 펼쳤을 때, 동그라미를 잘라 내기에 편리한 작은 구멍이 있을 거예요.

3. 봉투의 양면을 동그라미 모양을 따라 잘라 주세요. 필요하면 도움을 요청하세요. 이제 여러분의 봉투에는 가운데 동그란 구멍이 생겼을 거예요.

4. 봉투를 열어 안쪽에 셀로판 한 조각을 넣어 주세요. 셀로판이 빠져나오지 않게 봉투를 닫아서 봉해 주세요. (만일 셀로판이 봉투 안에서 움직인다면, 봉투를 봉하기 전에 셀로판에 테이프를 붙여 봉투 안쪽에 붙여 주세요.)

5. 이제 원하는 대로 봉투를 장식해 보세요.

6. 이제 여러분의 뷰파인더를 통해 사물을 바라보세요! 세상이 어떻게 보이는지 관찰해 보세요!

---

* 역자 주: 뷰파인더(viewfinder)는 사진사가 사진을 찍기 위해 혹은 초점을 맞추기 위해 들여다보는 기구이다.

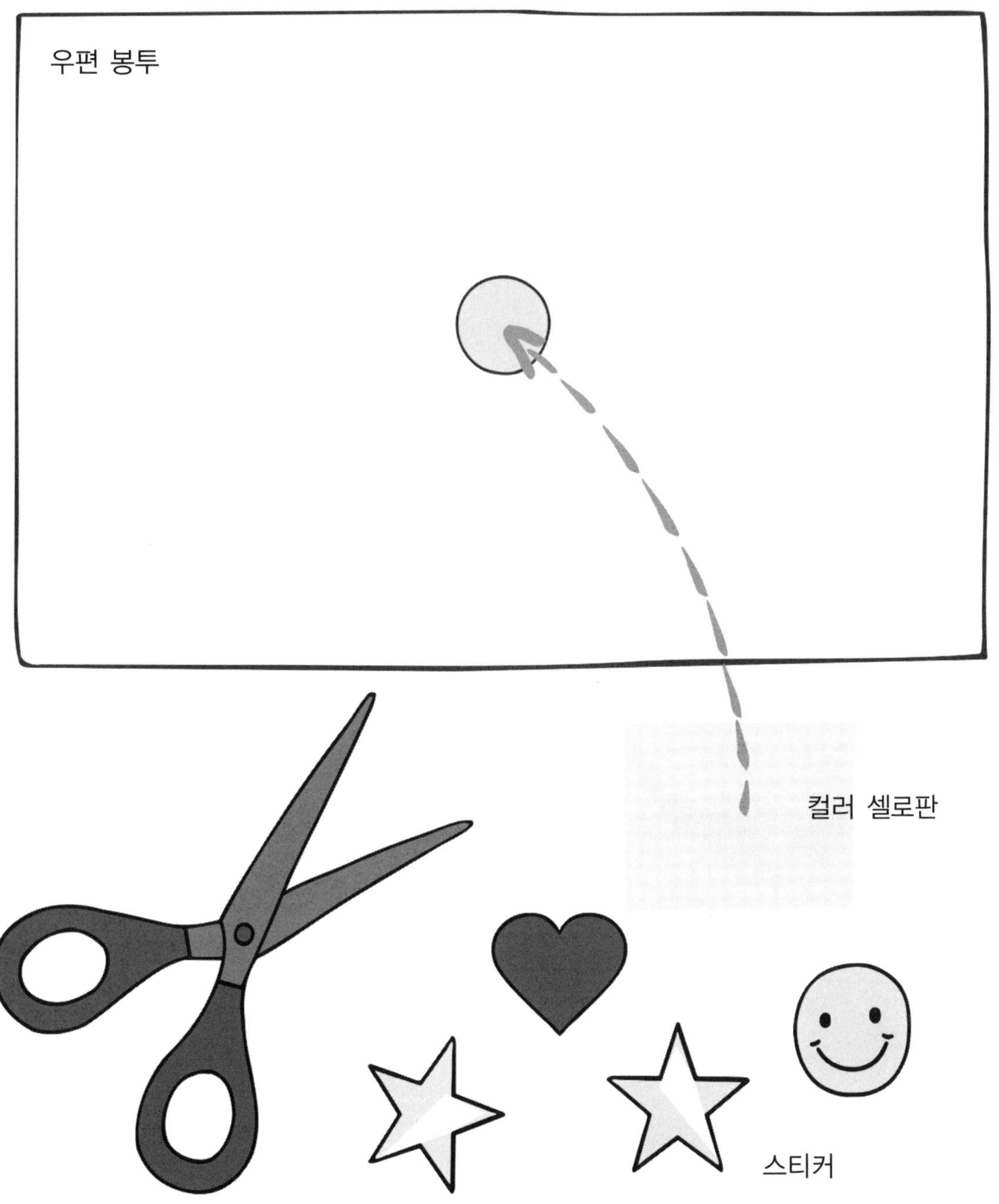
우편 봉투
컬러 셀로판
스티커

나의 영웅을 찾아서

5장의 첫 부분에서 여러분 자신의 중요하지만 도전적인 면, 즉 내면의 악당에 대해 배웠어요. 가장 멋진 사실은, 여러분 안에 영웅 또한 살아가고 있다는 거예요. 그 영웅은 여러분을 지지하고 여러분이 필요로 할 때 힘과 용기를 준답니다. 상황이 점점 나빠질 때 여러분이 혼자가 아니라는 사실을 기억하게 해 줄 거예요. 여러분의 이런 면을 발견하는 시간을 가져 볼까요?

내 안의 영웅이 가지고 있는 힘과 초능력을 몇 가지 적어 보세요.

다음 페이지에서 여러분의 영웅이 가졌으면 하는 초능력 옆의

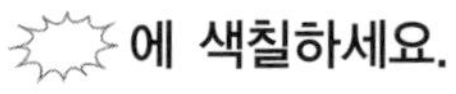 **에 색칠하세요.**

영웅 체크리스트

지혜로운

친절한

지지적인

강인한

격려하는

똑똑한

담대한

관대한

사려 깊은

자애로운

용기 있는

충성스러운

영웅 방패 만들기

이제 여러분 안의 영웅이 가진 능력을 단어로 적어서 여러분만의 영웅 방패를 만들어 보세요.

준비물: 가위, 사인펜 또는 크레파스, 판지, 알루미늄 호일, 풀

〈활동 방법〉

1. 방패 양식은 다음 링크에서 다운로드해서 복사하세요.
   http://www.newharbinger.com/ 50645
   시간을 갖고 여유 있게 방패를 장식해 보세요.

2. 여러분이 원하는 단어를 적거나 방패 양식 주변의 그림을 활용하세요. 다만, 단어와 그림을 선택할 때 여러분 안의 영웅이 가졌으면 하는 능력과 관련 있어야 해요.

3. 장식한 방패를 오려 내서 판지 위에 대고 모양을 따라 그려 보세요. 다 그린 후에, 방패 모양을 따라 판지를 자르세요. 부모님 또는 다른 어른에게 도움을 요청하세요. 오려 낸 판지를 호일로 감싸서 금속처럼 보이게 만들어 보세요.

4. 방패를 다 장식한 후에, 금속 판지 위에 풀로 붙이세요.

나의 영웅은 뭐라고 말할까?

여러분이 어려움을 겪을 때 여러분 안의 영웅은 응원의 말을 해 줄 거예요. 여러분 안의 영웅이 할 법한 말을 몇 가지 예로 들어 볼게요. **다음 목록에서 선택하거나 여러분이 스스로 생각한 말을 말풍선 안에 적어 보세요.**

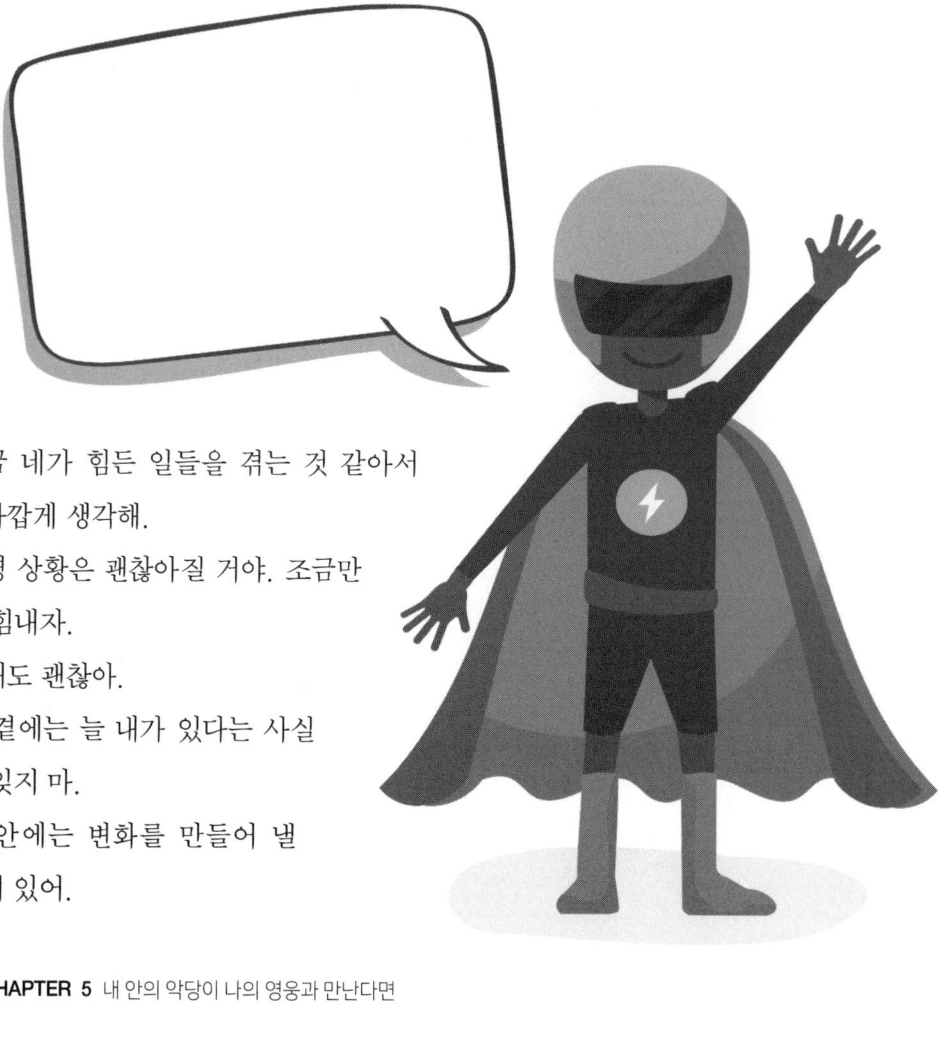

- 지금 네가 힘든 일들을 겪는 것 같아서 안타깝게 생각해.
- 분명 상황은 괜찮아질 거야. 조금만 더 힘내자.
- 그래도 괜찮아.
- 네 곁에는 늘 내가 있다는 사실을 잊지 마.
- 네 안에는 변화를 만들어 낼 힘이 있어.

나의 영웅 드러내기

• 넌 분명히 해낼 거야.

여러분 안의 영웅은 어떻게 생겼나요? 내면의 영웅을 사람, 동물 혹은 만화 캐릭터를 떠올리며 그려도 좋아요. 그림을 통해 여러분 안의 영웅이 얼마나 크고, 강하기를 바라는지 표현해 보세요.

다정한 영웅 명상

여러분 안의 영웅을 다음 빈 공간에 그려 보세요.

영웅은 여러분에게 연민 어리고 아주 좋은 친구가 되어 준답니다. 여러분 안의 영웅이 가진 특별한 능력에 대해 생각해 보고 그로부터 듣고 싶은 말은 무엇인지 떠올려 보세요. 이제 여러분이 힘든 시간을 보낼 때 여러분 안의 영웅이 어떻게 여러분을 격려할지 상상해 보세요. 아래의 다정한 영웅 명상으로 시작해 보세요.

1. 편안한 자세를 취해 보세요. 여러분이 원한다면 누워도 좋아요. 이제 눈을 감고 호흡이 들어가고 나가는 것을 느껴 보세요.

2. 여러분이 약간 화가 났을 때를 떠올려 보세요. 예를 들어, 학교에서 누가 여러분에 대해 나쁘게 말하거나 혼자라고 느껴졌을 때, 혹은 여러분의 형제자매가 한 잘못을 뒤집어쓰고 혼이 났을 때와 같은 상황을 떠올려 보세요.

3. 그 상황에 대해 최대한 생생하게 떠올려 보세요. 누가 있었나요? 무슨 말들이 들리나요?

4. 그때를 떠올리면서 어떤 감정이 드는지 주의를 기울여 보세요. 몸은 어떻게 반응하나요? 일어나서 움직이고 싶어 하나요, 아니면 그대로 누워 있고 싶어 하나요? 여유를 느끼나요, 아니면 긴장감을 느끼나요?

5. 이제 그 힘든 상황에서 여러분 안의 영웅이 도움을 주러 여러분에게 다가온다고 상상해 보세요.

6. 여러분 안의 영웅은 여러분에게 어떤 다정하고 위로가 되는 말을 해 줄까요? 내면의 영웅이 여러분에게 어떤 말들로 위로해 주기를 바라는지 떠올려 보세요. 예를 들면, '**괜찮아질 거야.**' 또는 '**나는 너를 소중하게 생각해.**' 같은 말들일 거예요.

7. 내면의 영웅이 여러분을 돌보기 위해 무엇을 할 수 있을까요? 포옹이 필요한가요, 아니면 영웅이 여러분을 위해 용기 있게 나서 주기를 바라나요? 내면의 영웅이 여러분을 보살펴 주는 상상을 해 보세요.

8. 여러분의 특별한 친구, 내면의 영웅이 여러분을 든든하게 지지하고 있다는 사실에 집중해 보세요.

9. 마지막으로, 심호흡을 하고 내면의 영웅을 만난 후 드는 좋은 기분을 느끼면서 내면의 영웅은 여러분이 필요로 할 때 언제나 곁에 있다는 사실을 기억하세요.

10. 이제 천천히 눈을 뜨세요.

정말 잘했어요! 기억해야 할 중요한 사실은 내면의 영웅은 여러분의 일부라는 거예요. 여러분의 다정하고 연민어린 면은 여러분이 힘든 시간을 보낼 때 스스로에게 좋은 친구가 되어 준답니다.

자기 자신을 잘 돌보는 한 가지 방법은 내면의 영웅이 가진 담대하고 용기 있는 마음에 대해 아는 것이에요!

영웅 자세

다정한 마음은 담대한 마음이 되기도 해요. 왜냐하면 옳은 것을 위해 싸울 줄 알고, 잘못된 것에 대해 아니라고 말할 줄 아는 마음이기 때문이에요. 예를 들면, 누군가가 괴롭힘을 당하고 있을 때 작동하는 마음처럼요.

이 자세는 내면의 영웅이 가진 힘을 느끼고 여러분이 가진 강인하고 방어적인 면모를 떠올리게 해 줄 거예요.

1. 양손은 골반에 올려 두고 발은 살짝 벌린 채 마치 영웅이 된 것처럼 힘 있게 서 보세요.
2. 숨을 들이쉬고 살짝 뛰면서, 다리를 벌려서 바닥과 삼각형을 이루게 만들어 주세요. 어깨 높이만큼 양팔을 넓게 벌려 보세요.
3. 양발을 오른쪽으로 틀어 주세요.
4. 호흡하는 것을 잊지 마세요!
5. 앞 무릎을 오른쪽 각도로 구부리고, 뒤의 무릎은 일자로 펴세요.
6. 팔은 길게 벌린 상태를 유지하세요.
7. 한두 번 정도 호흡한 후에, 숨을 들이쉬고 앞 무릎을 일자로 펴고 양발은 정면을 바라보게 두세요.

양팔은 허리에 두면서 내면의 영웅이 가진 힘이 느껴지는지 있는 그대로 느껴 보세요.

8. 이제 2번부터 7번까지 반복하되, 3번에서는 방향을 왼쪽으로 틀어 주세요.

9. 살짝 뛰면서 양발을 붙이고 일자로 서서 세 번 크게 호흡하세요.

10. 여러분의 몸과 호흡에 집중해 보세요. 여러분은 스스로가 생각하는 것보다 매우 강하답니다. 여러분 안의 영웅처럼 말이에요.

여러분 안의 영웅이 도와준다면 여러분은 스스로를 위해 나설 수 있다는 사실을 기억하세요. 그리고 영웅의 강인한 면이 여러분을 지지해 줄 수 있는 어른들에게 도움을 요청할 줄 안다는 것도 잊지 마세요.

나만의 도구상자 만들기

여러분 안의 악당과 영웅을 탐구해 보았으니, 이제 여러분은 그들이 등장했을 때 분별할 수 있을 거예요. 5장의 활동들은 여러분의 영웅을 더욱 강하게 만들어 줄 거예요.

여러분 안의 악당이 등장했을 때 어떻게 행동하면 되나요? 여러분에게 도움이 될 만한 활동에 체크하세요.

____ 내면의 악당 알아보기
____ 내면의 악당을 생각 밖으로 쫓아내기
____ 세 번의 편안한 호흡
____ 새로운 시각
____ 새로운 시각을 위한 뷰파인더
____ 나의 영웅을 찾아서
____ 영웅 방패 만들기
____ 나의 영웅은 뭐라고 말할까?
____ 나의 영웅 드러내기
____ 다정한 영웅 명상
____ 영웅 자세

나눔은 곧 돌봄

내면의 영웅에 관한 활동이나 의견을 친구와 나누고 싶은 것이 있나요? 친구의 이름을 적고 어떤 활동이나 의견을 나누고 싶은지 적어 보세요.

친구 이름: ______________________________

친구와 무엇을 나누고 싶나요? ______________________________

____

____

예고편

다음 장에서는 여러분의 핵심 가치가 힘든 상황 속에서 여러분을 어떻게 지켜 주는지 그 비밀을 파헤쳐 볼 거예요. 더욱 내면이 단단한 사람이 되어 자신에게 가장 중요한 것을 지키는 방법을 배우게 될 거랍니다.

CHAPTER 6

내가 가장 중요하게 생각하는 것

여러분은 무엇이 스스로를 '나답게' 만드는지 생각해 본 적 있나요? 여러분이 소중히 여기고 믿음을 갖는 것들이 여러분을 특별하고 고유한 존재로 만들어 준답니다. 이것을 바로 '핵심가치'라고 해요. 6장에서는 여러분의 핵심가치를 탐구하고 그것이 여러분이 다른 사람들과 연결되는 데 어떻게 도움이 되는지 살펴볼 거예요. 핵심가치는 여러분이 가고자 하는 방향으로 안내해 줘요. 그리고 여러분이 보다 성숙한 사람이 되도록 도와주기도 해요. 여러분을 행복하게 하는 것 또는 여러분이 흥미를 느끼는 것을 떠올려 보세요. 예를 들면, 좋은 친구가 되어 주는 것, 또는 공부나 운동을 열심히 하는 것 말이에요. 여러분이 혼자 있을 때 무엇을 하면서 시간을 보내는지 생각해 보는 것도 여러분이 어떤 사람인지, 어떤 것을 중요하게 여기는지 이해하는 데 도움이 될 거예요.

핵심가치는 성품, 용기, 회복력을 기르는 데 도움이 된답니다. 마음속의 나침반 역할을 하면서 여러분이 올바른 방향으로 나아가도록 해 줄 거예요. 특별히 폭풍이 몰아치듯 어려운 순간을 지날 때, 핵심가치는 마치 나무의 뿌리처럼 여러분이 정직함을 유지하고 좋은 결정을 할 수 있도록 도와줄 거예요. 때로는 여러분이 핵심가치를 따라 살아가는 것을 방해하는 요소들이 생길 수 있어요. 예를 들어, 여러분은 바깥 활동을 좋아하는데 날씨가 혹독하게 추운 곳에 살면 바깥 활동에 제한이 생길 수도 있고, 아니면 스포츠를 좋아하는데 건강이 좋지 못하면 원하는 만큼 뛰놀 수 없을지도 몰라요. 이와 같은 때에 여러분의 도구 상자에 자기연민을 놓아둔다면, 그것은 아주 좋은 핵심가치가 되어 줄 거예요.

활동 54

어떻게 시간을 보내는 게 좋아?

스스로가 중요하게 여기는 것이 무엇인지 알아보려면, 우선 여러분이 매일 어떻게 시간을 보내는지 살펴볼 필요가 있어요. 여러분이 어떻게 하루의 시간을 사용하는지 잘 생각해 보세요. 아래의 파이 조각들을 통해 여러분이 매일 하는 여러 종류의 일들을 적어 보세요.

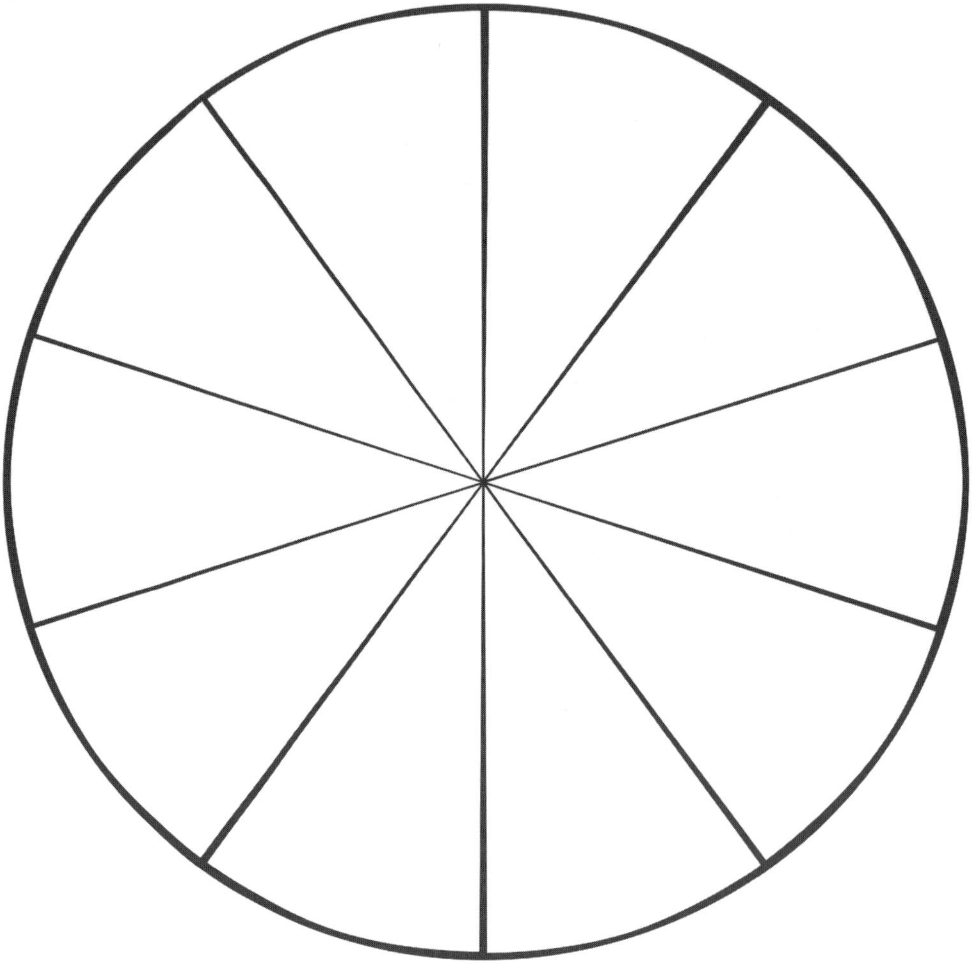

크레파스 또는 사인펜으로 각 조각을 색칠하여 여러분이 중요하게 여기는 활동을 하는 데 얼마만큼의 시간을 쓰는지 나타내 보세요. 예를 들어, 여러분이 운동하는 데 시간을 많이 쓴다면 그 시간만큼의 파이 조각을 통째로 색칠해도 좋아요. 만약 매주 약간의 시간을 할애해 운동을 한다면, 파이 조각의 일부만 색칠해도 된답니다. 여러 가지 색으로 각 조각을 색칠하거나 전체 조각을 하나의 색으로 칠해도 좋아요.

가장 많은 시간을 들여서 하는 일은 무엇인가요?

그것은 여러분에게 중요한 일인가요? 답에 동그라미 치세요. (예 / 아니요)

더 많은 시간을 들여서 하고 싶은 일이 있나요? 만약 그렇다면, 그 일에 대해 설명해 보세요.
여러분이 중요하게 여기는 일을 못하게 만드는 게 있다면 한 가지 적어 보세요.

여러분이 중요하게 여기는 일을 하지 못하게 되었을 때 자기 자신에게 약간의 친절과 자기연민을 보여 주는 것을 잊지 마세요.

나의 핵심가치 발견하기

여러분의 핵심가치가 성장 방향을 결정해 줄 거예요. 예를 들어, 다른 사람들을 돕는 것이 아주 중요하다면 여러분은 타인에게 도움을 줄 수 있는 결정과 선택들을 하며 성장하게 되겠지요.

자신의 핵심가치를 아는 것은 여러분이 중요하게 여기는 것을 알아 가는 좋은 방법이랍니다. **여러분 스스로의 핵심가치를 발견하기 위해, 아래의 목록에서 여러분이 중요하게 생각하는 가치들에 체크해 보세요.**

- ☐ 좋은 성적을 받는 것
- ☐ 운동을 잘하는 것
- ☐ 매력적인 사람이 되는 것
- ☐ 깨끗하게 정돈하기
- ☐ 모든 일을 잘하기
- ☐ 자연에서 시간 보내기
- ☐ 나눔
- ☐ 좋은 친구가 되어 주는 것
- ☐ 친절
- ☐ 다른 사람을 돕는 것
- ☐ 창의력
- ☐ 자신을 표현하기
- ☐ 재미있게 노는 것
- ☐ 인기 많은 것
- ☐ 부유함
- ☐ 유명해지는 것
- ☐ 가족과 보내는 시간
- ☐ 친구들과 보내는 시간
- ☐ 종교 또는 믿음
- ☐ 정직
- ☐ 나다운 것
- ☐ 새로운 일 시도하기
- ☐ 혼자 조용한 시간 보내기
- ☐ 새로운 것을 배우기
- ☐ 취미 생활
- ☐ 열심히 노력하기
- ☐ 감사
- ☐ 행복
- ☐ 환경을 돌보기
- ☐ 안전
- ☐ 용기
- ☐ 옳은 것을 위해 싸우는 것
- ☐ 여러분이 중요하게 여기는 다른 가치들이 있나요? 빈칸에 적어 보세요.

____

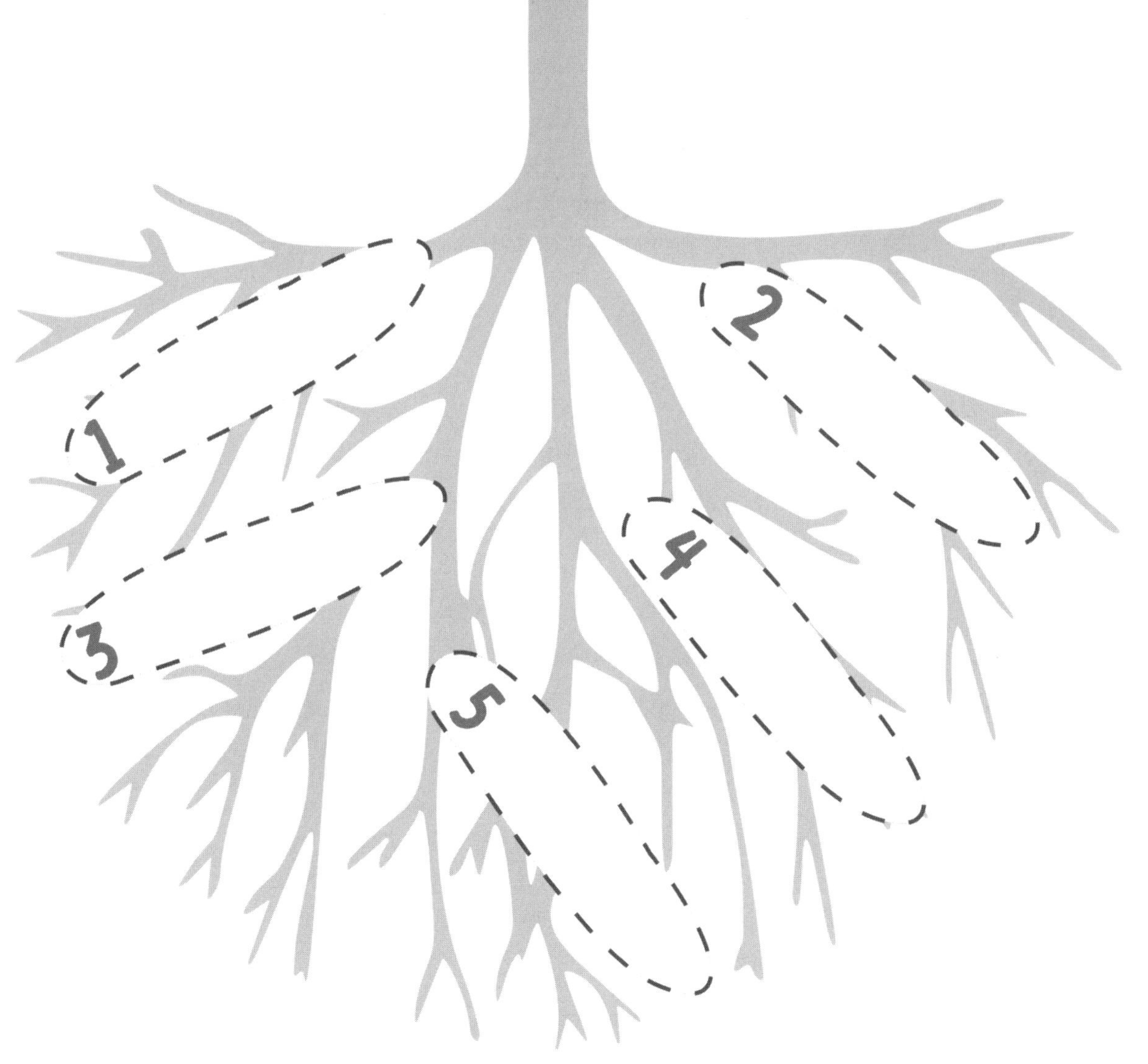

여러분이 체크한 가치들을 다시 읽어 보고, 가장 중요한 가치 다섯 가지에 동그라미 치세요. 여러분이 목록에 추가한 내용도 포함해 주세요. 동그라미 친 가치들은 여러분의 핵심가치이거나, 여러분이 가장 중요하게 여기는 가치라고 볼 수 있어요.

알다시피, 나무는 뿌리부터 위로 천천히 자란답니다. 나무 그림을 활용해 여러분이 앞으로 어떻게 자랄지 상상해 보세요. **가장 중요한 다섯 가지의 가치를 나무의 뿌리에 적어 넣고, 크레파스 또는 사인펜으로 마음껏 나무를 색칠해 보세요.**

자연 탐구

일본에는 **삼림욕**이라고 하는 활동이 있어요. 자연 속에서 듣고 보는 모든 소리와 풍경에 주의를 기울이며 감사하는 마음을 갖는 특별한 산책 방법이에요. 그저 자연 속에 머물며 주의를 기울이는 것만으로도 마음이 진정된답니다. 이번 활동에서는 여러분의 감각을 통해 주변 환경을 경험해 보는 시간을 가져 볼 거예요.

부모님 또는 다른 어른의 허락을 받은 후 자연 속에서 산책하기 적합한 장소를 선택하세요. 걸으면서 눈을 크게 떠 주위를 살펴보세요. 그리고 귀를 크게 열어 소리에 집중하고, 코의 감각으로 자연 속에서 나는 여러 가지 냄새를 관찰해 보세요. 이따금씩 멈춰 선 채 여러분의 감각을 통해 느껴지는 것들에 집중해 보세요. 자연은 전 세계의 다양한 문화에서 살아가는 사람들과 공유하는 핵심가치라고 볼 수 있어요. 자연이 어떻게 여러분의 핵심가치를 지지하는지 발견해 보세요. 예를 들어, 우정이 핵심가치라면 자연을 통해 친구들과 바깥 활동을 하고 대화를 나눌 수 있다는 사실을 알아차리는 거예요.

산책을 마친 후에, 여러분이 발견한 것들을 그림으로 그려 보세요. 자연 속에서 발견한 것을 가지고 와서 따라 그려도 좋아요.

'나무와 나' 명상

자연과 어우러지는 한 가지 방법은 여러분의 상상력을 활용하는 거예요. 이번 명상에서는, 여러분이 나무에 등을 기대고 앉아 있다고 상상하며 커다란 나무 기둥의 힘과 견고함을 느껴 보게 될 거예요. 나무는 회복력이 있고, 폭풍우를 견뎌 낼 힘이 있으며, 도움이 필요한 다른 나무들을 지지해 줄 수 있답니다!

1. 천천히 편안한 자세를 취해 보세요.
2. 준비가 되었다면, 살며시 눈을 감거나 무릎을 내려다보세요.
3. 이제 깊이 몇 번 호흡하세요. 그리고 점차 가볍고 편안하게 호흡해 보세요.
4. 마음속의 강아지가 분주하게 돌아다닌다면 다시 호흡을 가다듬으며, 호흡에 집중해 보세요.
5. 이제 여러분이 커다란 나무 아래 앉아 있다고 상상하며 편안히 쉬세요.
6. 잠시 시간을 두고 나무가 얼마나 단단하고 견고한지 상상해 보세요. 나무 아래서 휴식을 취할 때, 이 나무가 하늘을 향해 수많은 가지를 힘 있게 뻗어 내는 것을 보면서 그 힘을 느껴 보세요.
7. 이제 흙과 주변의 다른 나무들로 연결해 주는 나무의 뿌리를 머릿속에 그려 보세요. 나무는 뿌리를 통해 서로를 지지하고 돌보아 준답니다.
8. 여러분 스스로를 흙 속 깊숙이 뿌리내린 나무라고 상상해 보세요. 허리는 매우 강하고 단단하여 여러분을 지탱하고 폭풍 속에서도 강인하게 버틸 수 있게 해 준다고 말이에요.

9. 여러분의 핵심가치는 여러분 인생에서 중요하게 여기는 것들에 뿌리내리고 필요한 순간에 스스로와 다른 사람들을 돌볼 줄 아는 사람이 되도록 도와준다는 사실을 기슴 깊이 새겨 보아요.

10. 호흡하면서 편안히 쉬세요. 준비가 되었다면, 부드럽게 눈을 뜨세요.

여러분 자신을 흙 속에 뿌리내린 강하고 견고한 나무라고 상상해 본 후, 느낀 감정을 나타내는 이모티콘에 동그라미 치세요.

'나무가 되다' 자세

나무의 힘과 견고함을 여러분의 몸으로 직접 느껴 본다면 어떨까요? 이번에는 여러분이 나무가 되었다고 상상하며 발로 땅속 깊이 뿌리내리고, 팔을 나뭇가지처럼 사용하고, 하늘을 향해 허리를 쭉 펴는 동작을 할 거예요.

이 자세는 균형을 잡고 집중력을 향상시키는 데 아주 좋아요. 핵심가치가 여러분이 중요하게 여기는 것들에 집중하고 뿌리내릴 수 있도록 하는 것처럼, 나무의 힘과 견고함을 몸으로 느낄 수 있어요. 여러분이 자세를 유지하고 마음속의 고요를 느낄 수 있는지 보세요.

마치 산처럼 강하고 견고하게 발을 붙이고 서서 시작하세요.

1. 여러분 바로 앞에 있는 사물을 부드럽게 바라보세요. 나무가 무성한 숲속에서 응시하고 있다고 상상해도 좋아요. 자세를 취하는 동안 계속해서 그 사물 또는 그 부분을 응시해 보세요. 이 자세를 하면서 여러분 스스로에게 "나는 스스로를 믿고, 내가 중요하게 여기는 것들에 대한 확신이 있어" 하고 말해 보세요.

2. 숨을 들이쉬면서 양손을 허리에 올리고, 오른쪽 무릎을 접은 후 바깥쪽으로 살짝 돌려 보세요. 오른쪽 발바닥을 왼쪽 종아리 위에 올리거나, 오른발 뒤꿈치를 왼쪽 발목 위에 올려 두세요. 숨을 들이쉬고 내쉬세요.

3. 왼쪽 다리는 나무의 몸통처럼 힘 있고 단단하게 유지하세요.

4. 여러분의 왼쪽 다리가 땅속으로 뿌리내려서 여러분을 더욱 견고하게 만들어 준다고 상상해 보세요.

5. 숨을 들이마시고 다리가 나무의 몸통처럼 단단하게 느껴지는지 오른발로 왼쪽 다리를 눌러 보세요. 여러분이 만든 나무의 몸통이 얼마나 강한지 느껴질 거예요. 숨을 들이쉬고 내쉬세요.

6. 가능하면 손바닥을 심장 앞에서 서로 포개어 보세요. 잠시 멈추고, 숨을 들이마시면서 팔을 머리 위로 들어 올리고 양손을 떨어뜨리세요.

7. 팔을 위로 향하게 두고 왼쪽 발을 통해 흙 속으로 깊이 뿌리내리고 있다고 상상해 보세요. 이 나무 자세가 여러분의 몸이 강하고 견고하다고 느끼게 해 주는 것처럼, 여러분의 핵심가치는 인생에서 여러분을 강하고 견고하게 만들어 줄 수 있답니다.

8. 다리를 바꿀 준비가 되었다면, 오른쪽 무릎은 앞을 향하게 두세요. 숨을 내쉬면서 팔은 가슴 앞으로 내리고, 발은 바닥에 내려놓으면 됩니다.

9. 이제 반대쪽 발로 나무 자세를 연습하세요.

어땠나요? 만약 여러분이 균형을 잡는데 도움이 필요하면, 의자를 잡고 하거나 스스로 균형을 잡을 수 있게 되기까지 벽에 기대어 있어도 좋아요.

몸의 지도

이번 활동은 핵심가치가 어떻게 여러분의 몸을 위해 해야 할 일들을 실행하도록 돕는지 살펴보는 재미있는 시간이 될 거예요. 가장 좋아하는 핵심가치가 여러분을 어떻게 돕는지 알아볼 수 있게 몸의 지도를 만들어 보아요.

여러분의 신체 각 부위에 해당하는 질문들을 읽고, 다음 페이지의 신체 윤곽 위에 해당하는 부위를 찾아 여러분의 답을 쓰세요.

- **머리카락**: 여러분이 살면서 성장시키고 싶은 기술이나 태도는 무엇인가요? 친근함, 고유성, 재치, 친절, 단단함, 온유함, 매력, 또는 다른 어떤 것이 있나요?
- **눈**: 거울을 볼 때 여러분이 가장 중요하게 들여다보는 것은 무엇인가요? 자신감, 힘, 창의성, 아름다움, 어리석음, 선함, 또는 다른 어떤 것이 있나요?
- **귀**: 여러분이 들어야 할 중요한 것은 무엇인가요? 자연의 소리, 선생님 또는 부모님으로부터 받는 칭찬, 다른 사람의 건강과 안전에 대한 소식, 친구들의 웃음소리, 또는 다른 어떤 것이 있나요?
- **입**: 여러분은 다른 사람들에게 어떻게 말하고 싶나요? 재치, 정직, 용기, 친절, 단단함, 또는 다른 어떤 것이 있나요?
- **팔**: 여러분이 유대감을 느끼고 싶은 사람은 누가 있나요? 가족, 친구, 영웅, 반려동물, 선생님, 영적 지도자, 특별한 모임, 또는 다른 누가 있나요?

- **손**: 여러분의 손으로 무엇을 만들고 싶나요? 예술작품, 아름다운 음악, 소설, 야구경기의 우승, 헤어스타일, 감사 일기, 정돈된 방, 또는 다른 어떤 것이 있나요?

- **다리**: 여러분은 무엇을 위해 나서고 싶나요? 괴롭힘 당하는 친구, 깨끗한 공기와 물, 의견을 표현할 권리, 사생활 보호, 진실, 또는 다른 어떤 것이 있나요?

- **발**: 지금 그리고 인생에서 여러분의 발이 여러분을 어디로 데려가 주길 바라나요? 학교, 친구 집, 공원 또는 놀이터, 도서관, 가게, 새로운 모험, 또는 다른 어떤 것이 있나요?

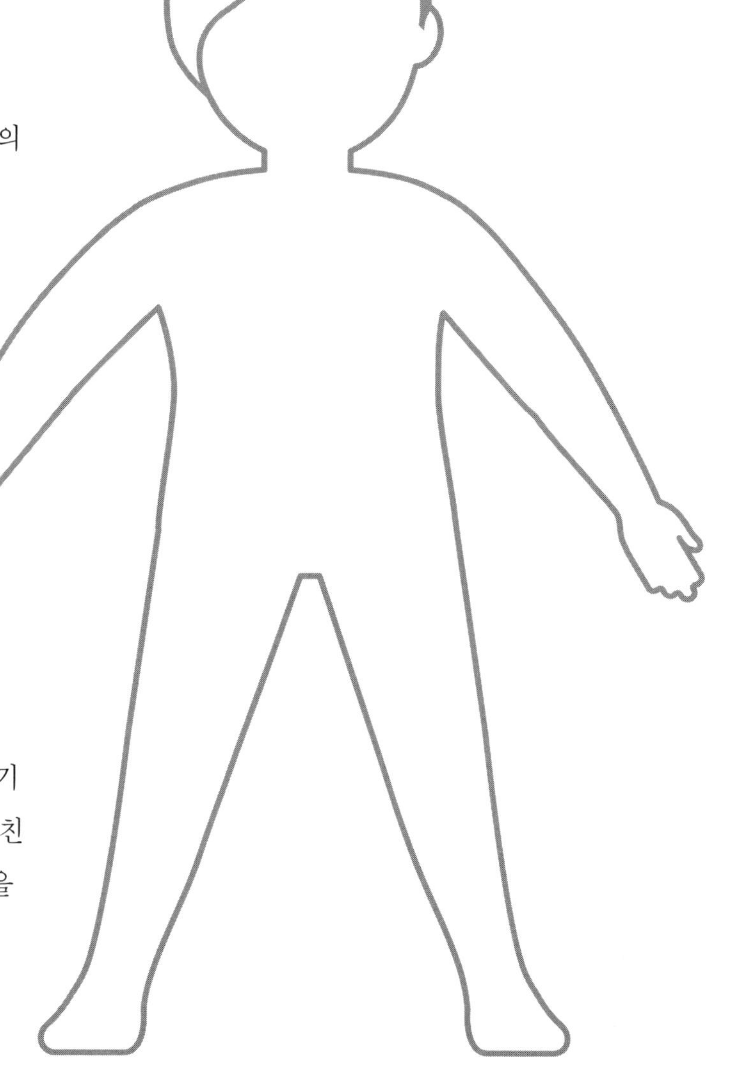

원한다면, 부모님이나 보호자 또는 친구와 마주앉아 여러분의 핵심가치에 대해 나누면서 여러분이 어떤 사람이고 어떻게 성장하고 싶은지 얘기해 보세요. 핵심가치는 여러분이 자기 자신을 포함한 모든 살아 있는 것들에게 친절한 태도를 갖추도록 도와준다는 사실을 기억하세요.

나만을 위한 약속

사진 액자를 장식한 후에, 여러분이 성장하고자 하는 방향으로 안내해 줄 핵심가치 한 가지를 선택하세요. 그 핵심가치를 스스로를 위한 약속으로 만들어 보는 거예요.

액자 테두리를 원하는
색과 모양으로 장식하세요.

이 약속은 여러분이 방향을 잃은 듯한 기분이 들 때 돌아갈 수 있는 안전한 곳이 되어 줄 거예요. 예를 들어, '나는 좋은 친구가 되어 주고 싶어.' '나 자신을 잘 돌봐 주고 싶어.' 또는 '학교 공부에 더 많은 노력을 기울이고 싶어.'와 같은 약속들이 있을 거예요. **여러분이 스스로에게 하는 약속을 액자 안에 적어 보세요.**

원한다면, 사진 액자를 오려서 벽에 붙여 놓고 약속을 떠올려도 좋아요. 필요하면 부모님 또는 다른 어른에게 도움을 요청하세요.

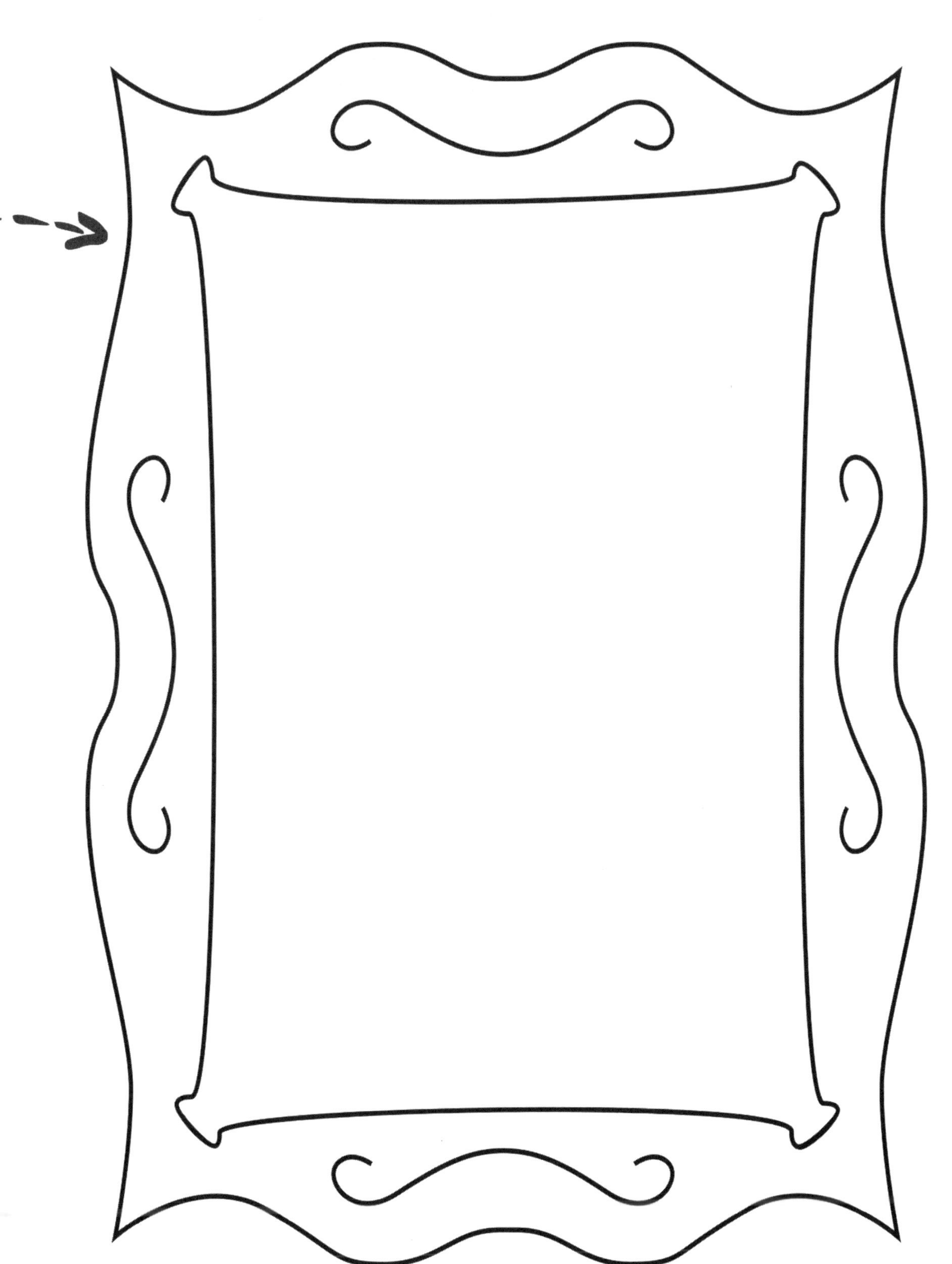

레모네이드 만들기

대부분의 사람은 실패를 두려워해요. 하지만 혼란과 실수는 매우 중요한 인생의 교훈들을 남겨 주지요. 왜냐하면 힘겨울 때에 자신도 모르던 힘을 발견할 기회를 주기 때문이에요. 그러면 고통을 통해 더욱 강하고 회복력 있는 사람이 되어서, 다른 어려움이 찾아와도 더 빠르게 회복할 수 있게 된답니다.

여러분이 힘든 시간을 겪거나, 실수를 하거나, 어떤 일을 열심히 했지만 결과가 좋지 않았을 때를 떠올려 보세요.

1. 힘들었거나 씁쓸했던 상황을 아래의 레몬 그림에 적어 보세요.

2. 그 실수를 통해 얻은 교훈을 레모네이드 잔에 적어 보세요.

3. 이제 레모네이드 잔 속의 빨대에 여러분에게 힘이 되었던 핵심가치들을 적어 보세요.

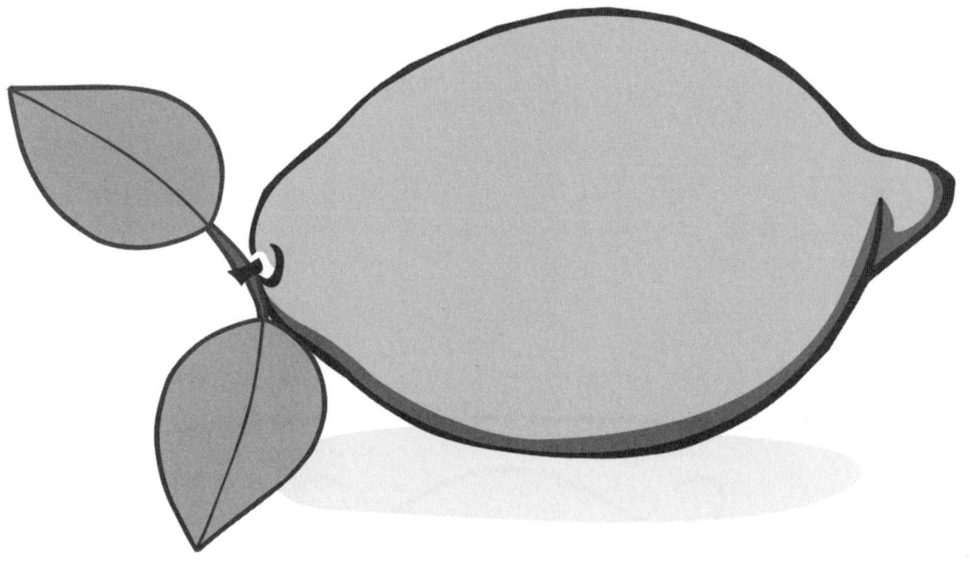

이 활동은 쓰고 힘든 상황을 달콤한 상황으로 만드는 것처럼, 여러분이 어떻게 레몬을 레모네이드로 만들었는지 보여 주는 것이에요.

홈메이드 레모네이드

여러분만의 레모네이드를 만들면서 스스로의 힘으로 쓰고 쓰디쓴 상황을 달콤한 것으로 바꿀 수 있다는 사실을 떠올려 보세요.

홈메이드 레모네이드 레시피

재료

갓 짜낸 레몬즙 1.5컵(또는 시중에 판매하는 신선한 레몬주스)
찬물 5컵
설탕 1.5컵 또는 스테비아 같은 대체 감미료(1티스푼으로 시작해 맛을 보며 추가하세요.)

- 1단계: 레몬즙, 물, 설탕을 물병에 담은 후, 설탕이 완전히 녹을 때까지 잘 저어 주세요.
- 2단계: 시원하게 즐길 수 있도록 얼음을 넣어 주세요.

레모네이드를 만들고, 맛을 보고, 여러분의 감각으로 충분히 맛을 즐기면서 마음챙김 기술을 사용하도록 노력해 보세요.

나만의 도구상자 만들기

이제 여러분은 핵심가치에 대해 배웠으니, 핵심가치를 잘 활용하면 여러분이 삶의 방향을 설정하고 여러분이 소망하는 모습으로 성장하는 데 도움이 될 거예요.

6장에서 배운 활동 중 다시 시도해 보고 싶은 것에 체크하세요.

____ 어떻게 시간을 보내는 게 좋아? ____ '나무와 나' 명상 ____ 나만을 위한 약속

____ 나의 핵심가치 발견하기 ____ '나무가 되다' 자세 ____ 레모네이드 만들기

____ 자연 탐구 ____ 몸의 지도 ____ 홈메이드 레모네이드

나눔은 곧 돌봄

핵심가치에 관한 활동이나 의견을 친구와 나누고 싶은 것이 있나요? 친구의 이름을 적고 어떤 활동이나 의견을 나누고 싶은지 적어 보세요.

친구 이름: ______________________________

친구와 무엇을 나누고 싶나요? ______________________________

____

____

예고편

다음 장에서는 여러분에게 이따금씩 찾아오는 커다란 감정의 변화에 대처하는 방법을 배우게 될 거예요. 윗면의 두뇌와 아랫면의 두뇌를 연결하는 활동을 하면서 여러분 스스로가 친절과 연민으로 다른 사람들과 연결되는 데 도움이 될 거예요.

CHAPTER 7

내 안의 용 길들이기

모든 사람들은 나이와 상관없이 커다란 감정들을 겪는답니다. 기쁨이나 설렘 같은 커다란 감정들은 기분을 좋게 만들지만, 때로는 불을 내뿜는 용이 마음속에 사는 것처럼 무섭게 느껴지는 커다란 감정들도 있어요. 일이 잘못될 때는 이런 커다란 감정들을 감당하기 어렵다고 느낄 수도 있어요. 7장에서는 이런 커다란 감정들이 어디서 오는지, 어떻게 하면 그 감정들을 잘 다스려서 친구 삼을 수 있는지에 대해 배울 수 있을 거예요. 이 커다란 감정들에 대해 알아 가고 용감한 마음으로 마주하는 것으로 그 여정을 시작해 보세요. 직면하는 방법을 배우게 되면, 마치 불을 내뿜는 용을 길들이는 방법을 아는 조련사처럼 커다란 감정들을 다스리는 방법을 터득하게 될 거예요.

용감한 마음으로 커다란 감정들을 만나요

다음의 그림을 보고, 여러분이 한 번이라도 느낀 감정을 표현한 이모티콘에 동그라미 치세요.

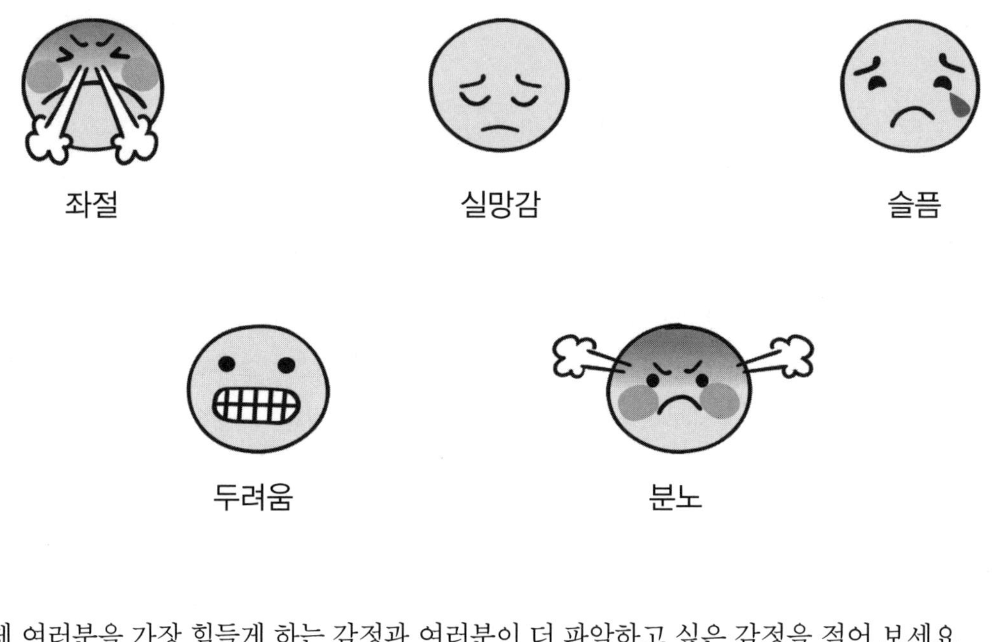

이제 여러분을 가장 힘들게 하는 감정과 여러분이 더 파악하고 싶은 감정을 적어 보세요.

용의 숨결 자세

용이 포효하는 것을 들어 본 적이 있나요? 아주 크고 때로는 맹렬한 소리를 낸답니다. 어쩌면 여러분도 내면의 용이 내는 소리를 들어 본 적이 있을 거예요. 이 요가 자세는 용의 강력한 숨결을 사용해 여러분 안의 용을 길들이는 것이랍니다.

1. 골반 너비로 발을 벌리고 서서 불을 내뿜는 용을 상상해 보세요. 가슴 위로 팔을 들고, 손가락을 구부려서 용의 발톱처럼 만들어 보세요.

2. 이제 숨을 깊이 들이쉬고 내쉬면서 입을 크게 벌리고, 혓바닥을 가능한 한 멀리까지 내밀어서 용이 포효하는 것처럼 크게 소리 내 보세요.

3. 숨을 깊이 들이쉬고 내쉬면서 으르렁거리는 것을 몇 번 반복해 보세요. 마치 용이 맹렬한 포효를 준비하는 것처럼 숨을 들이쉬면서 고개를 들고, 숨을 내쉬면서 혓바닥을 내밀고 크게 소리 내 보세요.

4. 용처럼 숨을 내쉬면서 어떤 기분이 들었는지 생각해 보세요.

다음번에 마음속에서 커다란 감정들이 용솟음친다면, 용의 맹렬한 숨결을 따라 하면서 속 안의 모든 답답하고 벅찬 감정들을 시원하게 내뱉어 보기로 해요.

여러분이 숨을 내쉬고 용처럼 포효했을 때 몸에서는 어떤 반응이 있었나요? 다음 목록에서 해당하는 단어에 동그라미 치세요.

온기	**에너지**
흥분	**편안함**
힘	**시원함**
피로	**긴장**

여러분이 용의 숨결을 따라 했을 때 느껴진 다른 감정들이 있나요? 우스꽝스럽거나 차분하지 않았나요?

내면의 용이 사는 곳

여러분의 뇌를 이해하기 위한 하나의 방법은 그것을 위층과 아래층으로 나뉜 집이라고 생각해 보는 거예요(Siegel and Bryson, 2012). 위층과 아래층은 뇌의 두 영역으로, 서로 협력하여 여러분이 커다란 감정들을 감당하고 좋은 결정을 내릴 수 있도록 도와줘요.

뇌의 두 영역에 대해 조금 더 자세히 알려 줄게요. 내면의 용이 둘 중 어느 곳에 살고 있는지 맞춰 보세요.

위층의 뇌가 하는 일은 여러분이 문제를 해결하고 좋은 결정을 내릴 수 있게 도와주는 것이에요. 또한 여러분이 주의를 기울이고 스스로 진정할 수 있도록 도와주는 역할도 하지요. 전두엽 피질은 위층 뇌의 일부인데 위층과 아래층이 서로 협력할 수 있도록 돕는 특별한 부분이랍니다. 여러분의 전두엽 피질은 마치 커다란 감정들을 가진 내면의 용을 안내하고 길들일 수 있는 조련사와 같다고 생각하면 이해하기 쉬울 거예요.

아래층의 뇌가 하는 역할은 위험하거나 무서운 상황에서 여러분을 보호하기 위해 편도체라고 하는 작은 부분에 비상 신호를 울리는 것이에요. 이 신호가 꺼지면, 커다란 감정들을 불러온답니다. 때로는 이런 커다란 감정들이 신호가 울리는 동시에 불을 내뿜으며 달려들 기세를 보이는 용처럼 느껴질 수도 있어요. 그리고 때로는 내면의 용이 감정에 휘말려 여러분이 스스로도 주체하지 못할 만한 반응을 보이기도 한답니다. 예를 들면, 다른 사람들에게 나쁘게 말을 하는 것처럼 말이에요.

위층 뇌와 아래층 뇌가 서로 소통할 때 여러분은 중심을 잃지 않고 안전하다고 느낄 거예요. 좋은 결정을 내리고, 어려움에 대처하고, 자기 자신과 다른 사람들에 대해 긍정적인 감정을 느끼죠. 마치 내면의 용을 훈련하고 길들일 줄 아는 조련사를 데리고 있는 것과 같아요.

여러분의 감정을 관리하기 위해서는, 계단이 집의 위층과 아래층을 연결해 주는 것처럼 위층 뇌와 아래층 뇌가 서로 연결되는 것이 중요해요. 좋은 소식은 여러분이 조련사에게 내면의 용을 길들이고 커다란 감정들을 진정시키는 데 필요한 도구들을 건네 줄 수 있다는 거예요. 그렇게 되면 조련사는 아래층으로 내려가 용을 잠잠하게 하고, 여러분이 차분하게 중심을 잃지 않도록 도와줄 수 있어요. 잠시 후에 여러분은 자신만의 계단을 만드는 방법을 배우게 될 거예요. 우선, 여러분의 뇌에 대해서 배운 내용을 토대로 재미있는 활동을 함께 해 볼까요?

뇌를 해독해요

다음의 뒤죽박죽 낱말들은 조금 전에 배운 뇌에 대한 내용과 관련이 있어요.

낱말을 해독해서 단어를 완성해 보세요.

층위뇌 ____________________________

체도편 ____________________________

련사조 ____________________________

두엽전 ____________________________

아층래뇌 ____________________________

의면내용 ____________________________

정답: 위층뇌, 편도체, 조련사, 전두엽, 아래층뇌, 내면의 용

활동 66 우블렉의 마법

우블렉(oobleck)은 여러분이 스스로를 친절하고 연민 어린 마음으로 대할 때 커다란 감정들이 어떻게 사라지는지 배울 수 있는 재미있고 마법 같은 활동이에요. 이 신비로운 물질의 놀라운 특성들을 관찰할 때 여러분이 갖고 있는 마음챙김 기술을 사용하게 될 거예요. 어떤 것이 우블렉을 굳게 만들고 어떤 것이 부드럽게 만드는지 그 비밀을 발견해 보세요.

준비물: 큰 그릇, 계량 컵, 숟가락, 옥수수 전분, 식용 색소, 글리터, 물

〈활동 방법〉

우블렉을 만들기 위해서, 물 한 컵과 옥수수 전분 한 컵 반을 준비하세요. 그릇에 넣고 숟가락 또는 손으로 잘 섞어 주세요. 손으로 꾹 눌렀을 때 모양이 유지되지 않는다면 적당한 농도가 될 때까지 옥수수 전분을 몇 수저 더 넣어 주세요. 적당한 농도를 찾을 때까지 몇 분 정도 잘 섞어 줘야 할 거예요. 원한다면, 식용 색소와 글리터를 몇 방울 추가해 보세요. 계속해서 저어 주면서 원하는 만큼 식용 색소와 글리터를 조금씩 추가해 주세요.

1. 이제 우블렉을 손으로 만져 보세요.

2. 우블렉의 질감을 한번 느껴 보세요.

3. 한 손으로 꼭 쥐었을 때, 부드럽고 묽은 상태에서 단단한 모양으로 변하는 것을 살펴보세요.

4. 손을 놓았을 때는 어떻게 변하는지 관찰해 보세요.

5. 손을 씻고, 우블렉의 신비에 대해 발견한 것을 아래에 적어 보세요. 여러분이 우블렉을 손으로 꼭 쥐었을 때와 손을 놓았을 때 어떤 일들이 벌어졌나요?

우블렉을 만들고, 직접 만져 보면서 발견한 것들에 대해 적어 보세요.

여러분은 손으로 우블렉을 꼭 쥐었을 때 단단해지고, 손을 놓았을 때 다시 부드러워지는 것을 알아차렸을 거예요. 커다란 감정들도 이와 같아요. 가끔씩 여러분 안의 용이 주도권을 잡을 때, 커다란 감정들은 여러분의 몸을 긴장하고 힘을 주게 만들어요. 하지만 여러분이 여유를 갖고 호흡하면서 감정을 놓아준다면, 몸은 부드러워지고 커다란 감정들은 차츰 사라질 거예요.

다음에 할 활동들에서는 여러분이 강한 감정들에 이름을 붙이고, 그 감정이 몸의 어느 부위에서 나타나는지 알아볼 거예요. 그렇게 하면 우블렉의 마법처럼 여러분이 강한 감정들을 놓아주고 한층 부드러워지게 할 수 있을 거예요.

'이름 붙여 감정 길들이기' 훈련

감정을 길들이기 위해 이름을 붙이는 것은 Dan Siegel과 Tina Payne Bryson(2012)이 저술한 책에서 가져온 거예요. 그 책은 커다란 감정에 이름을 붙이는 것을 줄곧 강조하고 있어요.
커다란 감정에 이름을 붙이면 감정을 다스리는 데 훨씬 수월하게 느껴질 거예요. 위층 뇌가 감정에 이름을 붙이면 아래층 뇌와 연결되어 서로 협력하는 데 도움이 되고, 그러면 여러분이 주도권을 놓치지 않게 될 거예요. 이 활동이 필요한 순간은 바로 커다란 감정에 압도되어 여러분이 주도권을 놓치게 될지도 모르는 때예요.

여러분이 분노, 두려움, 외로움, 슬픔, 또는 걱정을 느꼈을 때를 떠올려 보세요. 지금은 배움을 위한 시간이기 때문에 너무 커다란 감정보다는 조금 쉬운 감정을 떠올려 보세요. **여러분이 기억하는 상황을 적어 보세요.**

기억을 더듬으면서 느껴지는 감정에 이름을 붙여 보세요. "이것은 슬픔이야." "이것은 분노야." "이것은 걱정이야."와 같은 말을 하며 이름을 붙여 보세요.

여러분이 이 활동에서 이름을 붙인 감정을 나타내는 이모티콘에 동그라미 치세요.

분노

두려움

외로움

슬픔

걱정

커다란 감정들이 나타났을 때 이름을 붙이는 것은 여러분의 조련사가 용을 길들이기 시작하는 데 도움을 줄 수 있답니다.

내 몸에서 감정 찾기

감정에 이름을 붙이는 것은 용을 길들이는 데 도움이 돼요. 또한 몸의 어느 부위에서 감정이 나타나는지 찾아보고 진정시킬 수 있어요. 여러분 안의 용이 화가 났을 때, 첫 번째 신호는 대부분 긴장감, 울렁거림, 손바닥의 땀 또는 두통과 같은 몸의 변화가 느껴진다는 것이에요.

활동 67 '이름 붙여 감정 길들이기' 활동에서 느낀 커다란 감정을 떠올려 보세요. 그 커다란 감정을 느낄 때, 몸에 어떤 일들이 벌어지나요? 주의를 기울여 감정이 몸 어디에서 느껴지는지 찾아보세요.

〈해 보세요〉
커다란 감정이 몸 어디에서 나타나는지 알아보기 위해 손전등으로 여러분의 몸을 머리부터 발끝까지 비추고 있다고 상상해 보세요. 어쩌면 긴장된 근육, 두근거리는 가슴, 손이나 가슴에 느껴지는 답답함을 발견할 수 있을 거예요.

다음 페이지의 그림에 매직펜 또는 크레파스를 사용해 감각이 느껴지는 신체 부위에 색칠해 보세요. 얼마나 많은 부위를 색칠하는지에 따라 여러분이 느끼는 감각이 얼마나 강한지 드러날 거예요. 그리고 몸의 감각이 어떻게 느껴지는지를 표현하기 위해 색을 다양하게 골라도 좋아요. 모양이나 단어로 커다란 감정들이 나타났을 때 여러분이 느끼는 몸의 감각을 표현해도 좋아요.

'부드럽게 하기, 위로하기, 있는 그대로 머물기' 명상

이번 명상에서는, 우블렉 활동에서 배운 것처럼 몸 안의 커다란 감정들을 부드럽게 하는 방법을 배울 거예요. 이전 활동에서 몸이 아프거나 긴장해서 관심이 필요한 신체 부위 하나를 선택해 보세요. 어쩌면 그 부위가 여러분이 이름을 붙인 감정이 숨어 있는 곳일지도 몰라요.

1. 편안하게 앉거나 누워서 눈을 감아 보세요.

2. 아프거나 긴장해서 관심이 필요한 신체 부위에 주의를 기울여 보세요.

3. 이제 그 부위의 긴장감이나 통증을 부드럽게 만들어 주세요. 친절을 불어넣고, 뜨거운 태양 아래에서 녹아내리는 얼음처럼 친절이 긴장감과 통증을 녹여 낸다고 상상해 보세요.

4. 손을 심장 위에 올리고 호흡을 느끼면서 통증 또는 불편한 기분을 **위로해 보세요**. 스스로에게 '다 괜찮을 거야.' 혹은 '나는 최선을 다하고 있어.'와 같은 친절한 말을 건네 보세요.

5. **그저 있는 그대로 머물러 봅니다.** 때로 상황은 여러분이 원하는 만큼 빠르게 변하지 않을지도 몰라요. 스스로에게 친절한 소원을 빌어 주고 근육이 조금씩 부드러워지는 것을 느끼면서 지금 있는 그대로 모든 것을 받아들일 수 있도록 충분한 시간을 허락해 주세요.

6. 살며시 눈을 뜨세요.

이 명상이 도움이 되었다면 언제 어디서든 필요할 때 활용해 보세요. 교실이나 친구들과 앉아 있을 때에도 할 수 있어요. 어떤 커다란 감정이 나타나면 먼저 이름을 붙여 주세요. 그리고 몸의 어느 곳에서 불편함이 나타나는지 살펴보고, 부드럽게 위로하며 있는 그대로 머무르세요. 여러분이 우블렉을 손에서 놓아주었을 때 부드럽게 변한 것과 같이, 여러분의 몸 안의 커다란 감정들을 부드럽게 진정시켜 주세요.

내 안의 용 산책시키기

여러분이 마지막으로 숲이나 공원을 산책한 때는 언제인가요? 자연이 우리에게 가르쳐 주는 것은 아주 많고, 자연을 통해 사람들은 위로와 회복을 얻기도 한답니다. 특별히 힘든 시간을 보낼 때 여러분 안의 용을 데리고 산책을 하는 것도 좋은 방법이에요. 자연이 가진 모든 놀라운 것들이 여러분의 감각을 깨울 수 있도록 이 활동을 한번 시도해 보세요.

부모님 또는 다른 어른으로부터 허락을 받은 후에 공원, 숲 또는 집 근처의 거리를 10분에서 15분 정도 산책해 보세요. 집에 뒤뜰이 있다면 그곳을 걸어도 좋아요. 자연은 어느 곳에나 있답니다!

1. 산책을 시작하기 전에, 잠시 서서 눈을 감아 보세요.
2. 눈을 다시 떴을 때, 여러분을 둘러싸고 있는 모든 것의 색감, 모양, 그리고 질감을 살펴보세요.
3. 조금 걷다가 다시 멈춰 서서 눈을 감고, 여러분을 둘러싸고 있는 모든 소리와 냄새에 집중해 보세요.
4. 이제 눈을 뜨고 다시 걸어 보세요. 준비가 되었다면, 잠시 멈춰 서서 나뭇잎, 바닥, 나무껍질 등을 직접 손으로 만져 보세요.
5. 원한다면, 부모님 또는 다른 어른이 안전하다고 얘기해 준 것을 한번 맛보아도 좋아요. 하지만 무엇을 맛볼지 매우 지혜롭고 조심스럽게 판단해야 한답니다.

여기에 그리세요.

6. 산책을 마친 후, 흥미롭거나 기분이 좋았던 것을 떠올리며 그림을 그려 보세요. 산책한 후의 여러분 안의 용을 그리는 것도 잊지 않도록 해요!

다정한 양말 뱀 만들기

여러분 안의 커다란 감정을 가진 용을 달래 주는 또 다른 방법은 부드럽고 따뜻한 접촉을 하는 것이에요. 이번에는, 양말 뱀을 만들어서 따뜻하게 한 후에 위로가 필요한 신체 부위에 얹어 보는 활동을 해 볼 거예요.

준비물: 깨끗한 무릎까지 오는 양말, 쌀, 무독성 매직펜, 에센스 오일(선택)

〈활동 방법〉

1. 양말의 3/4 정도를 쌀로 채워 넣으세요. 진정 효과를 더하려면 쌀에 에센스 오일을 몇 방울 떨어뜨려 주세요.

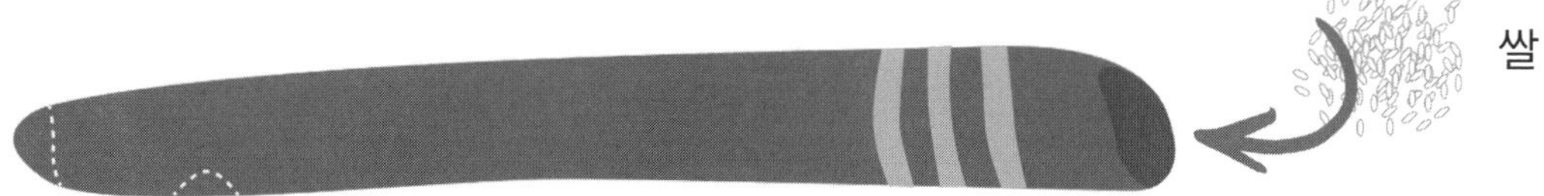

2. 끝부분에 매듭을 묶어 봉해 주세요.

3. 매듭이 없는 반대쪽 끝에 매직펜을 사용해 양말 뱀의 얼굴(눈, 입, 뾰족한 혓바닥)을 그려 주고 마음껏 장식해 보세요.

4. 이제 양말 뱀을 만들었으니 근육통이 있는 곳에 사용할 수 있을 거예요. 양말 뱀을 전자레인지에 30초씩 돌리면서 너무 뜨겁지 않게, 충분히 따뜻해질 때까지 데워 주세요. 이 단계에서는 부모님 또는 다른 어른의 도움을 받아야 해요.

5. 양말 뱀을 사용해 아프거나 뭉친 부위에 올려서 몸을 부드럽게 이완시켜 주세요. 잠시 눈을 감고 깊이 호흡하면서 통증이 진정되는 것을 느껴 보세요. 숨을 들이쉬고 내쉬면서 뱀처럼 쉿- 쉿- 소리를 내 보면 더 재미있는 시간이 될 거예요.

차분히 휴식하는 내 안의 용

이제 용을 달래는 방법을 알았으니 여러분 안의 용을 예쁘게 색칠해 보세요.

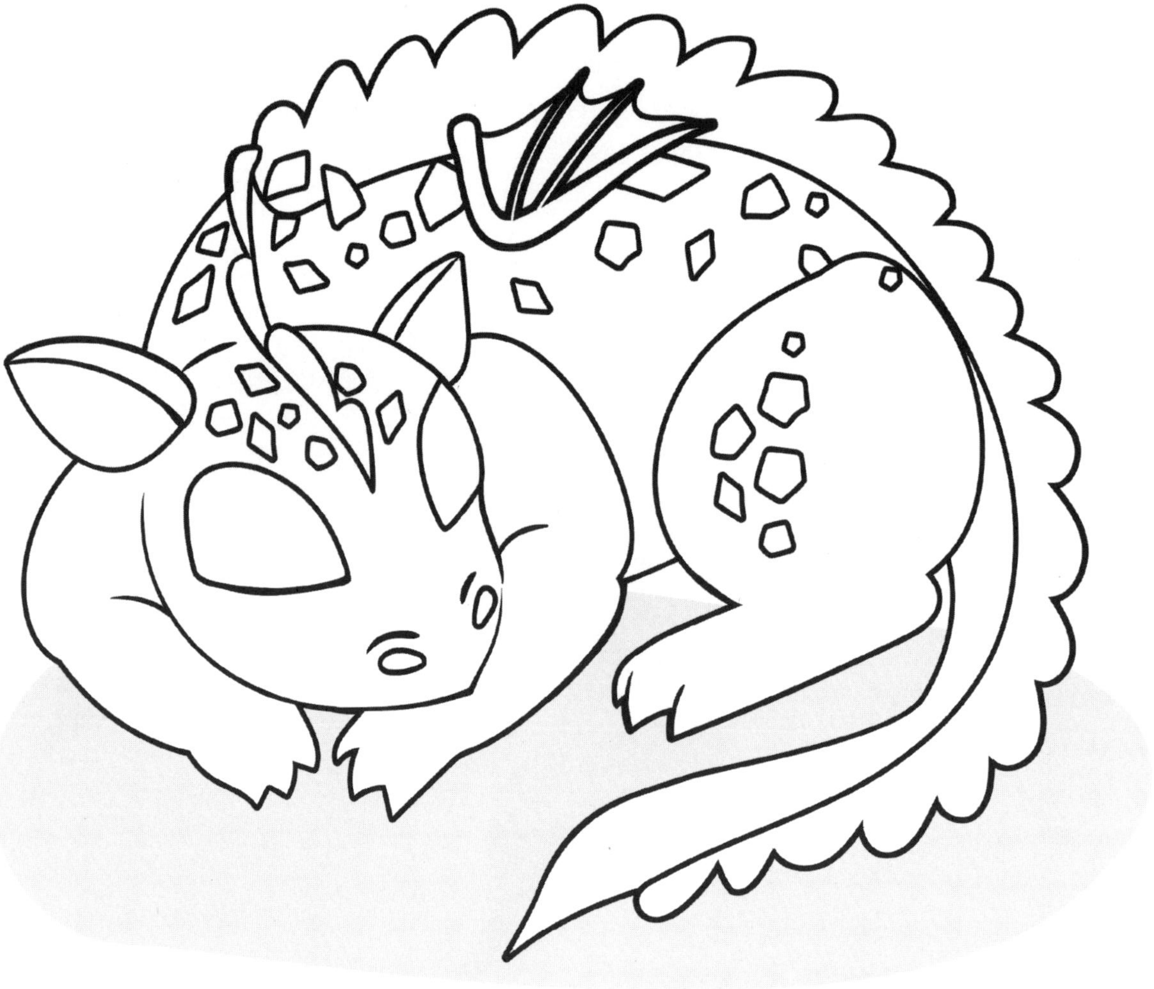

나만의 도구상자 만들기

축하합니다! 여러분은 내면의 용을 길들이는 좋은 방법들에 대해 배웠어요. 이제 여러분을 괴롭히던 커다란 감정들은 이전만큼 무섭지 않을 것이고 오히려 위험을 감지하는 도구로 잘 활용될 수 있을 거예요.

여러분의 커다란 감정들을 가라앉히는 방법에는 어떤 것들이 있나요? 여러분이 시도하고 싶은 것에 체크하세요.

____ 용감한 마음으로 커다란 감정들을 만나요

____ 용의 숨결 자세

____ 뇌를 해독해요

____ 우블렉의 마법

____ '이름 붙여 감정 길들이기' 훈련

____ 내 몸에서 감정 찾기

____ '부드럽게 하기, 위로하기, 있는 그대로 머물기' 명상

____ 내 안의 용 산책시키기

____ 다정한 양말 뱀 만들기

____ 차분히 휴식하는 내 안의 용

나눔은 곧 돌봄

내면의 용에 관한 활동이나 의견을 친구와 나누고 싶은 것이 있나요? 친구의 이름을 적고 어떤 활동이나 의견을 나누고 싶은지 적어 보세요.

친구 이름: ____

친구와 무엇을 나누고 싶나요? ____

____

____

예고편

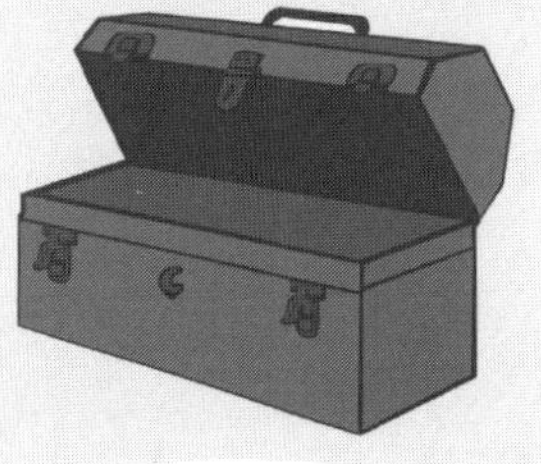

다음 장에서는 감사하는 마음, 감사를 표현하는 방법과 같은 긍정적인 감정과 태도를 기르는 방법에 대해 배우게 될 거예요. 이를 통해 여러분은 커다란 감정을 다루는 힘을 얻을 수 있답니다.

감사는 행복을 가져와요

여러분이 아주 어렸을 때, 선물을 받으면 감사하다는 말을 하라는 이야기를 부모님 또는 어른들로부터 들어 봤을 거예요. 그것은 다른 사람의 호의에 대해 감사를 표현하는 방법이에요. 누군가를 향해, 또는 인생의 작은 것들에 대해 감사를 표하는 것은 스스로를 보다 행복하고, 기쁘고, 자신감을 갖도록 하는 데 도움이 된답니다. 감사는 여러분에게 도움을 건네 준 다른 사람들에 대해 보다 관대한 마음을 갖게 만들기도 해요. 결국에, 감사는 여러분의 마음에 기쁨이 들어갈 자리를 만들어 주는 긍정적인 감정이라고 볼 수 있어요!

8장에서는, 여러분의 삶에서 감사할 만한 크고 작은 일들에 대해 알아보는 시간을 갖게 될 거예요. 감사하는 마음이 가져다주는 좋은 점들을 경험할 기회도 있을 거고요. 감사는 여러분이 이 워크북에서 배운 기술들과도 관련있어요. 친절, 공감, 연민, 회복력, 감정적 힘과 같은 것들 말이에요. 감사는 자기 자신을 포함해 다른 사람들이 지니고 있는 좋은 성품을 알아보게 하는 초능력이라고 볼 수 있어요. 이 초능력은 특히 힘든 시간을 지날 때 도움이 된답니다. 힘든 상황에서도 언제나 감사할 것은 있고, 이런 시각을 가지고 힘든 순간을 지나면 여러분의 내면에는 더 큰 변화와 성장이 있을 거예요!

활동 73

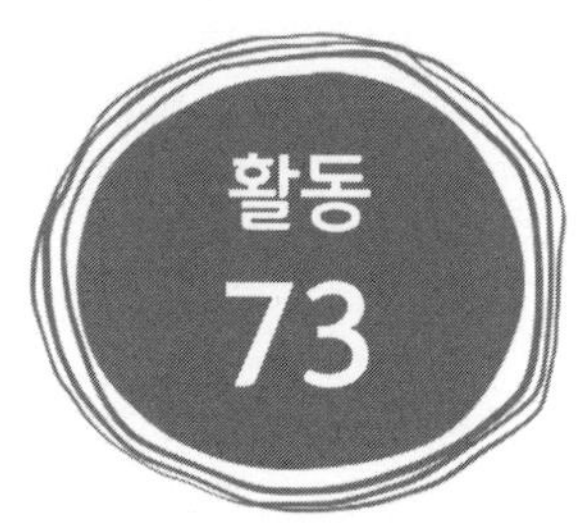

감사의 여섯 섬

여러분이 정말로 감사하게 여기는 것이 무엇인지 알아보기 위해서 지도에 있는 여섯 개의 섬을 탐험해 보세요. 각각의 섬에는 이름이 있고, 여러분의 삶에서 감사하게 여기는 것에 대한 힌트가 될 수 있을 거예요.

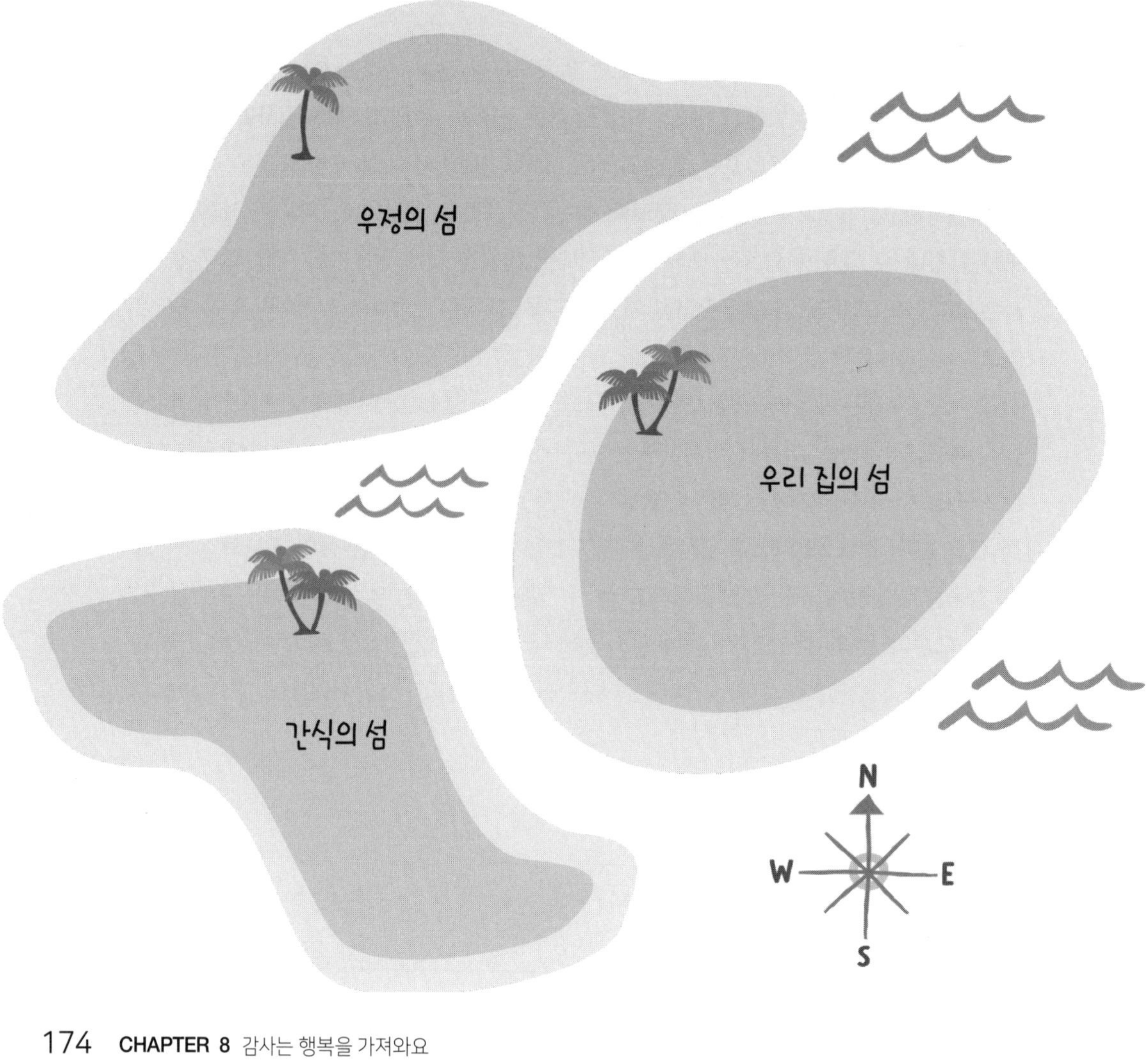

우정의 섬
우리 집의 섬
간식의 섬
N
W
E
S

여러분이 정말로 감사하는 것은 무엇인가요? 여러분을 기쁘고 행복하게 만드는 크고 작은 일들에 대해 생각해 보고 여섯 가지를 적어 보세요. **감사하는 내용을 해당하는 섬을 찾아 적어 보세요.**

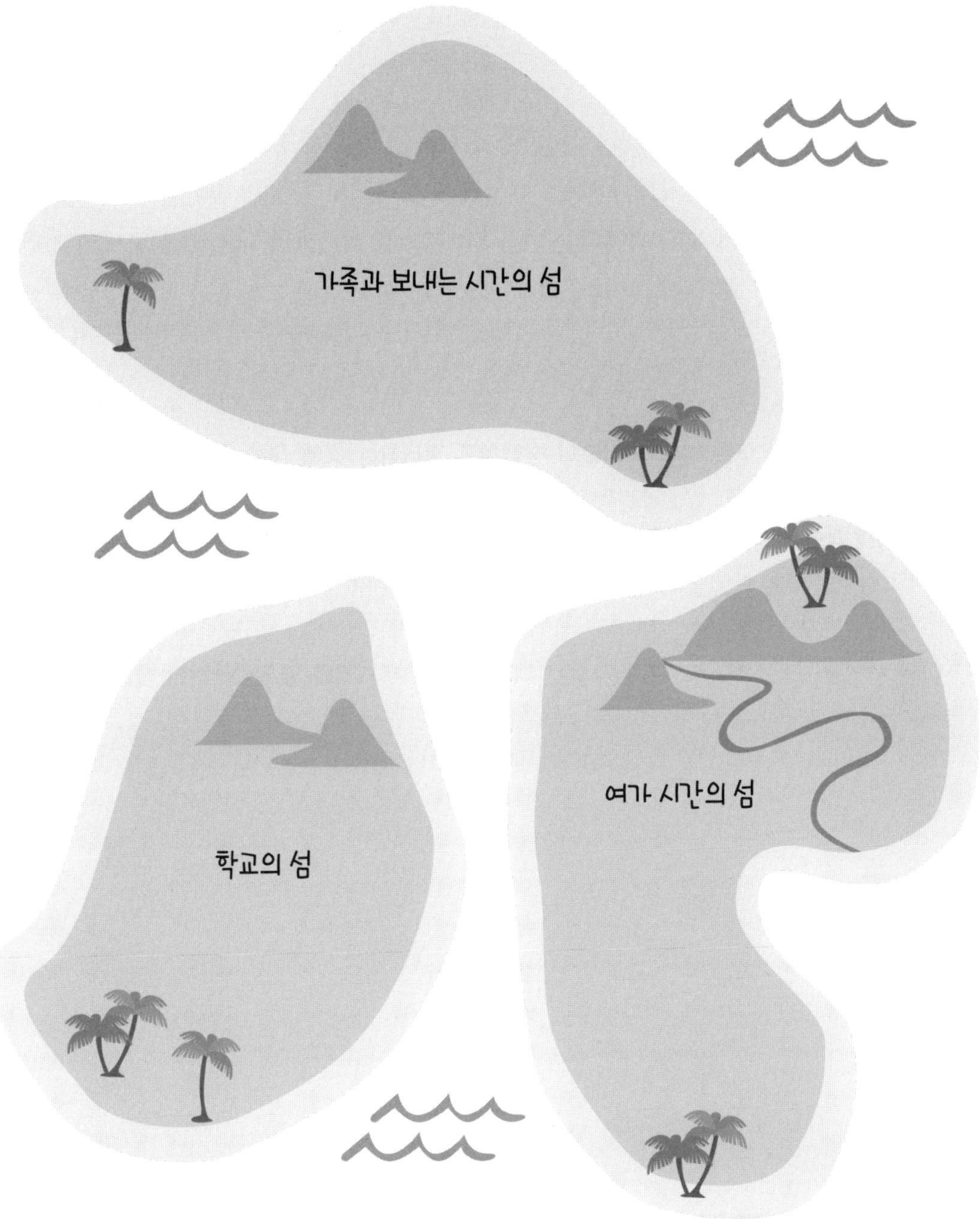

감사하는 뇌

감사하는 뇌는 행복한 뇌이기도 해요. 감사함을 선택하는 것은 친절한 일이고, 여러분 자신에게도 좋은 일이에요. 감사를 자신의 의지로 선택한다면 어느덧 감사는 습관이 되고 여러분의 감정에도 좋은 영향을 줄 거예요. 감사하는 마음을 가질 때, 여러분의 뇌는 기쁨을 느끼게 만드는 세로토닌 같은 특별한 화학물질이 방출된답니다. 여러분이 감사를 연습할 때마다 보다 행복하고, 걱정 없고, 긍정적인 사고를 하는 뇌를 만들어 가는 것과 같아요.

1. **다음 페이지의 뇌 구름 안에 여러분이 걱정하고 염려하는 것에 대해 적어 보세요.**

2. **무지개 안에는 여러분이 기억하고 싶은 감사했던 일들을 적어 보세요.** 걱정을 떨칠 수는 없지만, 그 걱정을 품을 수 있는 더 행복한 뇌로 만들 수 있습니다.

3. **이제 사인펜 또는 크레파스로 감사하는 내용을 적은 무지개를 알록달록하게 색칠해 보세요.**

활동 75 자연에 보내는 감사 편지

감사를 연습하는 또 하나의 방법은 여러분 주위의 세상에 의식적으로 주의를 기울이는 거예요. 어른의 도움을 받아 바깥에서 여러분이 돌아다닐 수 있는 장소를 찾아보세요. 공원, 뒤뜰, 공원 산책로, 또는 다른 장소도 괜찮아요. 여러분이 보고, 듣고, 느끼고, 냄새를 맡거나 맛을 볼 수 있는 것들에 모든 감각을 사용하여 자연 속에서 감사할 수 있는 것을 찾아보세요.

(그리고 바깥 활동을 하는 동안, 다음 활동에서 사용할 나뭇가지 하나를 찾아 가져오세요. 연필 두 자루 정도의 길이면 돼요.)

바깥 활동을 마치고 돌아와서, **여러분의 마음속을 감사로 채워 주는 자연의 일부에 대해 감사 편지를 적어 보세요.** 예를 들면, 여러분을 따뜻하게 비춰 주는 태양, 걷기에 좋은 길을 만들어 주는 잔디, 뛰놀 수 있는 빗물 웅덩이, 또는 가지고 놀 수 있는 나뭇가지를 주는 나무에게 감사할 수 있을 거예요.

편지 끝머리에 보내는 사람으로 여러분의 이름을 남겨 보세요.

사랑하는 ______________________,

______________________________ 감사해요.

덕분에 ______________________________ 기분이 들었어요.

당신이 저의 세상의 일부라는 사실이 참 기뻐요.

당신의 진정한 친구,

____

감사 지팡이

감사를 연습할 때마다 여러분의 뇌는 보다 자주 긍정적인 생각과 감정을 만들어내기 때문에 여러분에게 감사 연습을 상기시켜 주는 무언가가 있다면 좋을 것 같아요. 이를 위해 감사 지팡이를 한번 만들어 볼 거예요.

준비물: 나뭇가지 또는 막대기(연필 두 자루 정도의 길이), 여러 가닥의 실(또는 얇은 천 조각), 실에 붙일 구슬, 가위

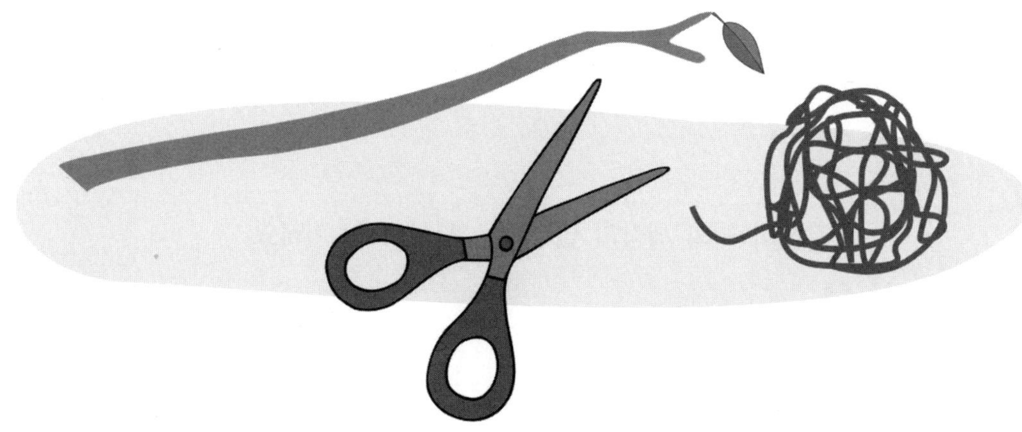

〈활동 방법〉

1. 90cm 정도의 길이로 실을 잘라 주세요. 부모님 또는 어른들에게 도움을 요청하세요.
2. 막대기 끝부분에 실의 한쪽 끝부분을 단단히 묶어 주세요.
3. 실에 구슬을 꿰어도 좋고, 다른 것으로 장식해도 좋아요. 그런 후에 끝부분에 매듭을 묶어 고정시켜 주세요.

4. 이제 실을 막대기의 반대쪽 끝에 닿을 때까지 돌돌 말아 주세요. 다 되었으면, 실의 끝부분을 막대기에 묶어 주고 매듭을 지어 주세요. 여러분이 막대기를 장식하고 싶은 만큼 또 다른 가닥의 실로 이 과정을 반복해 주세요.

이제 감사 지팡이가 완성되었어요. 자주 볼 수 있는 장소에 두세요. 생각날 때마다 지팡이를 들고 감사한 일들을 말해 보세요.

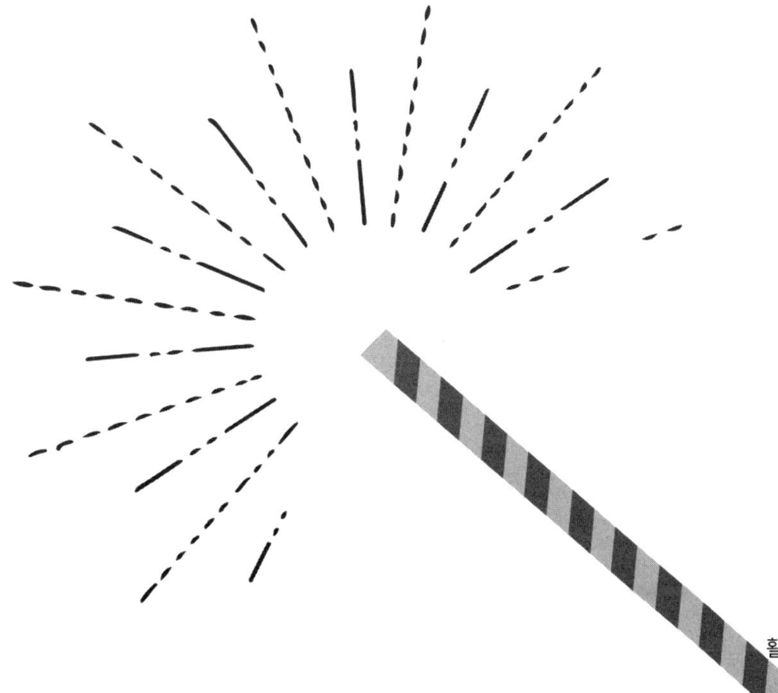

나를 먹이는 수많은 것들을 향한 감사

여러분의 몸에 영양분을 공급하기 위해 필요한 모든 것은 지구 어느 곳에서 농부가 수고하여 거둔 것들이에요. 하지만 농부 혼자만의 힘으로 가능한 일도 아니랍니다. 여러분이 매일 먹는 양식은 물, 토양, 바람과 햇빛 등 다른 자원의 도움이 필요해요. 이번 활동에서는 여러분에게 영양분을 공급하고 여러분이 건강하도록 돕는 모든 것들에 감사를 표현할 기회가 있을 거예요. 시작하기에 앞서, 부엌에서 여러분이 가장 좋아하는 음식을 골라 보세요.

이제 이 맛있는 음식을 준비하면서, 여러분의 모든 감각을 사용해 충분히 즐겨 보세요. 시각, 촉각, 후각, 미각, 그리고 청각을 모두 사용해 보세요. 음식의 색감, 모양, 향을 모두 알아차려 보세요.

지구와 이 음식을 키워 내기 위해 필요한 물, 햇빛, 바람 그리고 토양과 같은 모든 요소에 감사의 말을 전해 보세요.

여러분이 가장 좋아하는 음식을 재배하고, 추수하고, 포장하고, 운반한 모든 사람들에게 감사의 말을 전해 보세요.

여러분에게 이 음식을 제공해 준 부모님 또는 어른들에게 감사의 말을 전해 보세요.

이제 여러분의 몸에 영양분을 공급하는 음식과 여러분을 건강하게 지켜 주는 자신의 몸에게 감사의 말을 전해 보세요!

원한다면, 여러분이 좋아하는 음식을 즐거이 먹는 모습을 그림으로 그려 감사의 마음을 표현해 보세요.

내가 살고 있는 나의 몸 돌보기

이번 활동에서는, 연속된 요가 동작을 하는 것이 어떻게 여러분의 몸과 마음을 돌보는 데 도움이 되는지 알아볼 거예요. 각 동작을 진행하면서 여러분이 느끼는 감정을 살펴보고, 여러분의 몸이 다양한 방향으로 움직일 수 있다는 사실에 감사하는 마음을 가져 보세요. 요가 매트를 활용하면 훨씬 좋을 거예요.

태양 자세

태양 자세로 시작하세요. 발을 붙이고 서서 다리를 일자로 펴세요. 전신을 꼿꼿이 펴고 선 채로, 숨을 들이쉬면서 양팔을 좌우로 넓게 벌리면서 하늘을 향해 뻗어 주세요. 고개를 들어 손을 바라보고 여러분을 건강하고 따뜻하게 해 주는 태양에게 고맙다고 말해 보세요. 숨을 내쉬면서 고개는 정면을 바라보고, 손은 심장으로 가져오세요. 여러분이 호흡할 때마다 몸에 새로운 산소를 불어넣어 주는 심장을 향해 고맙다고 말해 보세요. 호흡하면서 태양 자세를 세 번 반복해 보세요.

영웅 자세

영웅 자세로 바꿔 보세요. 마치 영웅이 서 있는 것처럼 힘 있게 허리를 쭉 펴고 서서, 양팔은 골반 위에 올리고 양발은 살짝 벌려 주세요. 숨을 들이쉬고 살짝 뛰면서 발을 넓게 벌려서 땅과 삼각형을 만들 수 있게 해 주세요. 양팔을 어깨 높이에 맞춰서 좌우로 넓게 뻗어 주세요. 양발을 오른쪽 방향을 바라보게 두세요. 그리고 호흡하는 것을 잊지 마세요! 앞다리는 발끝 방향에 맞춰 구부리고, 뒷다리는 쭉 펴세요. 양팔도 쭉 뻗은 상태를 유지하세요. 한두 번 호흡한 후에, 숨을 들이쉬고 앞다리를 쭉 펴 주면서 양발은 정면을 바라보게 두세요. 양팔은 허리 위에 올리고 영웅이 가진 힘을 느껴 보세요. 이제 왼쪽도 똑같이 반복해 보세요. 한두 번 호흡한 후에 숨을 들이쉬고 앞다리를 쭉 펴세요. 양발은 정면을 바라보게 두고, 살짝 뛰면서 다리 간격을 좁히고 세 번 깊이 호흡하세요.

기지개 켜는 강아지 자세로 바꿔 보세요. 서 있는 자세에서 숨을 들이쉬고 내쉬면서, 무릎은 구부리고 손은 바닥을 짚어 주세요. 그 상태에서 몇 걸음 뒤로 물러나면서 여러분의 몸이 거꾸로 된 V 모양을 만들고 있는지 살펴보세요. 손을 바닥에 밀착하고 다리는 쭉 편 상태로 호흡하세요. 이제 숨을 들이쉬고 내쉬면서 무릎을 구부리고 발뒤꿈치 위에 살포시 앉아 주세요.

기지개 켜는 강아지 자세

고양이/소 자세로 바꿔 보세요. 손과 무릎을 바닥에 밀착한 상태에서 손가락을 넓게 벌려 주세요. 어깨와 팔꿈치가 손바닥 바로 위에 위치하고 있는지, 골반이 무릎 바로 위에 위치하고 있는지 확인해 보세요. 허리는 테이블 윗면처럼 평평하게 펴 주세요. 숨을 들이쉬고 천장을 바라보면서 배꼽이 바닥을 향하도록 허리를 길게 늘어뜨리세요. 숨을 내쉬면서 천천히 고개를 떨구고 배꼽이 척추와 가까워지게 들어올리면서 허리를 동그랗게 말아 주세요. 호흡하면서 허리를 위아래로 움직이는 동작을 세 번에서 다섯 번 정도 반복해 보세요. 마무리하면서, 숨을 들이쉬고 허리는 테이블 윗면처럼 평평하게 펴 주세요. 이제 편안한 자세로 잠시 휴식을 취하세요.

휴식 자세로 마무리 하세요. 편안한 자세로 눈을 감고 몇 분 동안 호흡에 주의를 기울여 보세요. 수고한 발, 다리, 몸통, 팔, 손, 심장, 그리고 머리에 조용히 감사하는 마음을 가져 보아요.

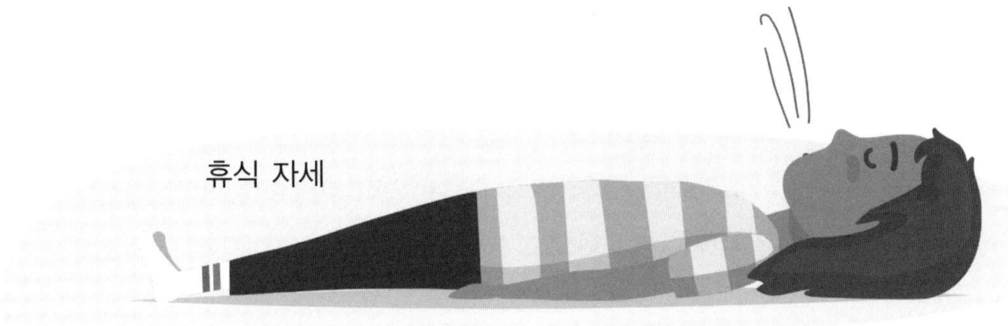

이 요가 자세들을 하고 난 후에 여러분이 느끼는 감정을 나타내는 이모티콘에 동그라미 치세요.

'나의 좋은 점' 동전 던지기

사람이란 아주 특별한 존재예요. 여러분의 지금 모습에 얼마나 감사하는 마음을 갖고 있나요? 때로 이런 시간을 갖는 것은 여러분의 뇌와 마음에 감사를 심어 주는 좋은 방법이랍니다. 친구와 게임을 하면서 여러분 스스로에 대해 돌아보고 감사하는 시간을 가져 보세요.

준비물: 매직펜 또는 크레파스, 동전 혹은 작은 돌

〈활동 방법〉

1. 다음 페이지의 질문지를 색칠하고 장식해 보세요.
2. 질문지를 바닥에 최대한 평평하게 놓아두세요.
3. 세 걸음 정도 뒤로 물러나세요.
4. 동전 혹은 돌을 질문지를 향해 던져서 어느 질문 위에 떨어지는지 보세요. (더 어렵게 하려면 눈을 감고 해도 좋아요!)

친구와 차례대로 동전을 던지고 질문에 답하는 시간을 가져 보세요.

여러분이 그동안
배운 기술에는
어떤 것들이
있나요?

여러분이 무엇을 할 때,
여러분의 몸이
즐거움을 느끼나요?

여러분의 나이대에
충분히 할 수 있는
좋은 것들은
무엇이 있나요?

**여러분은 힘든 시간을
어떻게 이겨 낼 수
있었나요?**

다른 사람들에게
관심을 갖고 있다는
것을 어떻게 보여 줄 수
있나요?

**여러분의 나이는
어떤 점이
좋은가요?**

여러분이 재미있게
즐겨하는 활동은
무엇인가요?

사람으로서 가장
좋다고 여기는
점은 무엇인가요?

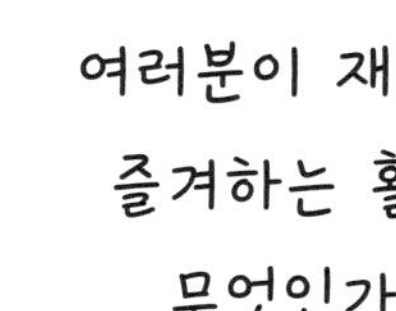

'긍정적인 말의 힘' 포스터

말에는 힘이 있다는 이야기를 들어 본 적이 있을 거예요! 자기연민의 여정을 마무리하면서 여러분이 이 워크북에서 기억하고 싶은 말은 어떤 것이 있나요?

여러분이 필요로 하는 순간 위로를 얻기 위해 다음 페이지에서 여러분만의 '긍정적인 말의 힘' 포스터를 만들어 보세요. 스스로를 위해 애정 어린 소원을 적거나, 자기 자신에게 고맙게 느끼는 점을 적어도 좋아요. 혹은 이 워크북에서 기억하고 연습하고 싶은 교훈이나 활동들을 적어도 된답니다.

긍정적인 말의 힘

활동 81 축하합니다!

여러분은 이 워크북을 끝까지 완성했고, 이제 여러분이 배운 마음챙김과 자기연민의 기술들을 앞으로 삶의 여정에서 사용할 준비가 되었을 거예요. 여러분은 앞으로 살아가면서 겪게 될 어려움을 잘 다루는 데 도움이 되는 초능력의 도구들을 많이 갖추었답니다.

이제 다음 페이지의 수료증에 여러분의 이름을 적어 보세요.

수료증 양식은 다음 링크에서 다운로드한 후, 프린트하고 서명해서 사용할 수 있어요.

http://www.newharbinger.com/50645

그동안 이 워크북을 완성하고 도구상자를 채워 넣은 스스로에게 칭찬과 격려를 아끼지 마세요!

자기연민 여정을 이수했기에
이 수료증을 수여합니다.

귀하 ______________________

서명 ______________________

나만의 도구상자 만들기

여러분은 감사를 표현하는 다양한 방법들을 배웠어요. 감사해야 할 이유는 언제나 있고, 그 사실은 우리가 살아가면서 어려움을 겪을 때 아주 큰 도움이 되어 줄 거예요.

8장에서 배운 활동 중 다시 시도해 보고 싶은 것에 체크하세요.

____ 감사의 여섯 섬
____ 감사하는 뇌
____ 자연에 보내는 감사 편지
____ 감사 지팡이
____ 나를 먹이는 수많은 것들을 향한 감사
____ 내가 살고 있는 나의 몸 돌보기
____ '나의 좋은 점' 동전 던지기
____ '긍정적인 말의 힘' 포스터
____ 축하합니다!

나눔은 곧 돌봄

친구와 함께 나누고 싶은 감사 훈련이 있나요? 친구의 이름을 적고 어떤 활동이나 의견을 나누고 싶은지 적어 보세요.

친구 이름: ____

친구와 무엇을 나누고 싶나요? ____________________________________

____

예고편

이제 여러분은 인생에 닥칠 수 있는 어려움에 대처할 도구들을 상자에 전부 채워 넣었어요! 이미 알고 있겠지만, 산다는 건 쉬운 일이 아니에요. 하지만 여러분이 이 워크북에서 배운 내용들을 연습하다 보면 어느새 여러분과 여러분이 소중하게 여기는 사람들의 삶에 변화를 불러오는 초능력은 여러분 안에 있다는 사실을 깨닫게 될 거예요. 기억하세요. 나눔은 곧 돌봄이라는 것을요!

참고문헌

Germer, C., & K. Neff. (2018). *The Mindful Self-Compassion Workbook: A Proven Way to Accept Yourself, Build Inner Strength, and Thrive*. Guilford Press.

Germer, C., & K. Neff. (2019). *Teaching the Mindful Self-Compassion Program: A Guide for Professionals*. Guilford Press.

Neff, K. (2021). *Fierce Self-Compassion: How Women Can Speak Up, Claim Their Power and Thrive*. HarperCollins.

Siegel, D., & T. Payne Bryson. (2012). *The Whole-Brain Child: 12 Revolutionary Strategies to Nurture Your Child's Developing Mind*. Random House.

저자 소개

Lorraine M. Hobbs는 캘리포니아대학교 샌디에이고캠퍼스(UCSD)의 마음챙김 센터에서 가족과 교육 프로그램을 창립한 임원이다. Hobbs는 Mindful Self-Compassion for Teens(MSC-T) 프로그램의 공동 창립자이며, MSC-T teacher training pathway의 공동 개발자이다. Mindful Self-Compassion(MSC), Compassion Cultivation Training(CCT), 그리고 Mindfulness-Based Stress Reduction(MBSR) 지도자 자격을 갖추었다. 또한 UCSD Mindfulness-Based Professional Training Institute의 MBSR 멘토이기도 하다. 그녀는 A Friend in Me: Self-Compassion for Kids and Parents와 자폐 스펙트럼 장애 또는 다른 신경다양성 진단을 받은 어린이의 부모님을 위해 각색된 Compassion in Parenting Program(CiP)의 공동 개발자이며, 『Teaching Self-Compassion to Teens』의 공동 저자이다.

Amy C. Balentine 박사는 아동 및 청소년 전문 임상심리학자로 20년 넘게 일했다. 그녀는 Memphis Center for Mindful Living, LLC의 창립자이자 이사이다. MBSR 지도자 자격이 있으며, 캘리포니아대학교 샌디에이고캠퍼스의 마음챙김 센터에서 교사로 재직하면서 학교, 비영리 및 영리 단체 등에서 마음챙김 교육 강사로도 활동하고 있다. 그녀는 A Friend in Me: Self-Compassion for Kids and Parents의 공동 개발자이다.

서문을 집필한 **Kristin Neff** 박사는 15년 전에 자기연민에 관한 첫 번째 실증연구를 지휘한 자기연민 연구 분야의 선구자이다. 동일 주제에 관하여 수없이 많은 학술 논문과 각종 저서의 일부를 집필하였을 뿐만 아니라, 『Self-Compassion』의 저자이기도 하다. 그녀의 동료 Christopher Germer와 함께 실증적 지지를 받는 Mindful Self-Compassion이라는 8주간의 훈련 프로그램을 개발하였으며, 전 세계적으로 자기연민에 관한 워크숍을 제공하고 있다.

역자 소개

정하나(Ha Na Jung)

명지대학교 일반대학원 아동학과 아동가족심리치료전공(석 · 박사)

국제공인 MSC(Mindful Self-Compassion) Trained Teacher(CMS)

국제공인 MSC-T(Mindful Self-Compassion for Teens) Trained Teacher(CMS)

인지행동상담전문가, 인지행동놀이상담전문가(한국인지행동치료상담학회)

아동마음챙김교육전문가(T급), 부모마음챙김교육전문가(T급)(한국인지행동치료상담학회)

현 한국아동마음챙김연구소 소장

명지대학교 아동학과 겸임교수

숭실대학교 복지경영학과 겸임교수

한국인지행동치료상담학회 학술위원장

삼성서울병원 미래의학연구원 연구원

〈대표 역서〉

아동과 청소년을 위한 인지행동놀이치료 워크북(공역, 학지사, 2020)

부모와 자녀가 함께하는 인지행동놀이치료 워크북: 125가지 활동(공역, 학지사, 2022)

아동 · 청소년을 위한 마음챙김 기반 중재(공역, 학지사, 2023)

아동 · 청소년을 위한 수용과 마음챙김 워크북(공역, 학지사, 2024 출간 예정)

어린이를 위한 자기연민 워크북

정서적 힘을 기르고 친절의 초능력을 기르는 흥미로운 마음챙김 활동

The Self-Compassion Workbook for Kids: Fun Mindfulness Activities to Build Emotional Strength & Make Kindness Your Superpower

2024년 9월 20일 1판 1쇄 인쇄
2024년 9월 30일 1판 1쇄 발행

지은이 • Lorraine M. Hobbs, MA · Amy C. Balentine, PhD
옮긴이 • 정하나
펴낸이 • 김진환
펴낸곳 • (주) 학지사
04031 서울특별시 마포구 양화로 15길 20 마인드월드빌딩
대표전화 • 02)330-5114 팩스 • 02)324-2345
등록번호 • 제313-2006-000265호

홈페이지 • http://www.hakjisa.co.kr
인스타그램 • https://www.instagram.com/hakjisabook

ISBN 978-89-997-3212-6 03180

정가 16,000원

역자와의 협약으로 인지는 생략합니다.
파본은 구입처에서 교환해 드립니다.